なるほど図解

1冊目に読みたい

デジタル Digital
マーケティングの Marketing
教科書

NRIネットコム株式会社
神崎 健太
佐々木 墾
橋本 俊哉
高橋 栞

SB Creative

本書に関するお問い合わせ

この度は小社書籍をご購入いただき誠にありがとうございます。小社では本書の内容に関するご質問を受け付けております。本書を読み進めていただきます中でご不明な箇所がございましたらお問い合わせください。なお、お問い合わせに関しましては下記のガイドラインを設けております。恐れ入りますが、ご質問の際は最初に下記ガイドラインをご確認ください。

ご質問の前に

小社 Web サイトで「正誤表」をご確認ください。最新の正誤情報をサポートページに掲載しております。

- 本書サポートページ URL

    https://isbn2.sbcr.jp/23302/

ご質問の際の注意点

- ご質問はメール、または郵便など、必ず文書にてお願いいたします。お電話では承っておりません。
- ご質問は本書の記述に関することのみとさせていただいております。従いまして、○○ページの○○行目というように記述箇所をはっきりお書き添えください。記述箇所が明記されていない場合、ご質問を承れないことがございます。
- 小社出版物の著作権は著者に帰属いたします。従いまして、ご質問に関する回答も基本的に著者に確認の上回答いたしております。これに伴い返信は数日ないしそれ以上かかる場合がございます。あらかじめご了承ください。

ご質問送付先

ご質問については下記のいずれかの方法をご利用ください。

▶ Web ページより

上記のサポートページ内にある「この商品に関する問い合わせはこちら」をクリックすると、メールフォームが開きます。要綱に従って質問内容を記入の上、送信ボタンを押してください。

▶ 郵送

郵送の場合は下記までお願いいたします。
〒 105-0001　東京都港区虎ノ門 2-2-1
SB クリエイティブ　読者サポート係

■本書内に記載されている会社名、商品名、製品名などは一般に各社の登録商標または商標です。本書中では®、™マークは明記しておりません。本書の出版にあたっては、正確な記述に努めましたが、本書の内容に基づく運用結果について、著者およびSBクリエイティブ株式会社は一切の責任を負いかねますのでご了承ください。

©2024 Kanzaki Kenta / Sasaki Rui / Hashimoto Toshiya / Takahashi Shiori
本書の内容は著作権法上の保護を受けています。著作権者・出版権者の文書による許諾を得ずに、本書の一部または全部を無断で複写・複製・転載することは禁じられております。

▶ はじめに

　デジタルマーケティングは、現代社会においてビジネスを成功に導くカギです。

　デジタルマーケティングの世界は変化のスピードが速く、次から次へと新しい言葉やサービスが現れては、その姿を変えていきます(場合によっては、廃れていきます)。また、業務領域も多岐にわたるため、著者がデジタルマーケティングの世界に足を踏み入れた当初は、ついていくのがやっとでした。一方で、根幹にある基本的な考え方や業務の進め方の中には、昔から大きく変わっていないものもあります。

　そこで、本書では著者がお客様と共にデジタルマーケティングに取り組む中で培ってきた、デジタルマーケティングの基本的なノウハウから最新のトピックまで、幅広く掲載しています。

　本書が、マーケティング部に異動になった初心者の皆さんや、マーケティング会社に入社した新入社員の皆さんをはじめとする、デジタルマーケティングの世界に足を踏み入れた皆さんの一助となることができればと、切に願っています。

　最後に、本書の執筆を支えてくれたNRIネットコム株式会社の方々、ならびに出版にあたりご協力いただいたSBクリエイティブ株式会社の本間千裕様に深くお礼申し上げます。

神崎 健太、佐々木 塁、橋本 俊哉、高橋 栞

▶ 本書の使い方

　本書は、デジタルマーケティング初心者のみなさんが読む1冊目として、最適な教科書になることを目指してさまざまな工夫を凝らしました。1テーマ見開きで完結しているので、気になる項目から読むこともできます。

❶導入文	各テーマでは、最初に全体像をつかむための解説を掲載しています。さっと読んで本文に進んでください。
❷強調マーカー	ポイントや注意事項など、解説の中で重要な内容は黄色の強調マーカーを引いています。
❸色文字	デジタルマーケティングでよく使う用語、指標はオレンジ色の文字で掲載しています。
❹図解の イラストや表	本文の解説内容や関連する情報を、豊富なイラストと表で図解しました。難しい仕組みや概念も、短時間で理解できるようにサポートします。
❺まとめ	本文の要点を、まとめとして図解の下部に掲載しています。読み直すときなどにお役立てください。

▶ 目　次

Chapter 1　デジタルマーケティングの基本　13

1-1 マーケティングとは ……………………………………… 14
- マーケティングの定義
- 従来の代表的なマーケティング手法

1-2 デジタルマーケティングとは ………………………… 16
- デジタルマーケティングの位置付けと重要性
- デジタルマーケティングの特長

1-3 デジタルマーケティングのゴールと「KGI」 …………… 18
- デジタルマーケティングのゴールを明確化する
- KGI を決める

1-4 デジタルマーケティングの「PDCA」 ………………… 20
- Plan（計画）
- Do（実行）
- Check（評価）
- Action（改善）

1-5 デジタルマーケティングの手法 ……………………… 22
- オウンドメディアの手法
- ペイドメディアの手法
- アーンドメディアの手法

Chapter 2　デジタルマーケティングを計画する　25

2-1 KGI から KPI を決める …………………………………… 26
- KGI を分解・再定義する
- KGI を KPI に因数分解する

2-2 ブランディングと KPI …………………………………… 28
- ブランディングを行う目的
- ブランディングの KPI にあたる指標（NPS・DWB）

2-3 ターゲットユーザーを設定する ……………………… 30
- ターゲットユーザーを設定するメリット
- セグメンテーションとターゲティングを行う

2-4 ペルソナを作る …………………………………………… 32
- ターゲットユーザーの情報を集める
- ペルソナを作り込む

2-5 カスタマージャーニーを考える ……………… 34
- カスタマージャーニーマップを作成する
- カスタマージャーニーマップを作成するメリット

2-6 デジタルマーケティング戦略立案に向けた分析を行う …36
- ポジショニングを考える
- マーケティングミックスと 4P・4C 分析

2-7 KPI を達成するための施策を考える ……………… 38
- 優先順位を決める
- スケジュールを組む

2-8 体制と役割を検討する …………………… 40
- 社内の体制と役割を検討する
- 外部への業務委託を検討する

2-9 デジタルマーケティングツールを選定する …………… 42
- デジタルマーケティングツールを導入するメリット
- デジタルマーケティングツールを選定する際のポイント

2-10 コミュニケーションルールを決める ……………… 44
- 会議体を決める
- コミュニケーション手段を決める

Chapter 3 自社のメディアで デジタルマーケティングを開始する 47

3-1 Web サイトの種類と目的 ……………………… 48
- Web サイトの種類
- Web サイトの目的を達成しているか評価する指標

3-2 Web サイトにおける UI/UX とは ……………… 50
- UI と UX の違い
- UX 改善による Web サイトへの影響

3-3 Cookie と CMP（同意管理プラットフォーム） による同意管理 ……………………… 52
- Cookie の利用規制の潮流
- CMP の 2 つの役割

3-4 検索エンジンの役割 ……………………… 54
- ユーザーへ最善の検索結果を提示するための 3 つの仕組み
- コンテンツ制作をする際に大切なこと

3-5 SEO（検索エンジン最適化）を行う ……………… 56
- SEO 対策のポイント

3-6 コンテンツ SEO と Web ライティング ·················· 58
- ポイント① ページタイトルとディスクリプション
- ポイント② リード文
- ポイント③ 見出し

3-7 Google Search Console を利用する ·················· 60
- Google 検索における自社サイトの掲載状況を確認する
- Web サイトの問題点を把握する

3-8 「MA」「SFA」「CRM」で見込み顧客を育成する ········· 62
- マーケティング支援ツールで見込み顧客を獲得する
- マーケティング支援ツールで営業状況や顧客との関係を管理する

3-9 Web 接客とチャットボットでユーザーを おもてなしする ·················· 64
- Web サイト上での顧客体験を高める
- LPO (ランディングページ最適化) を行う

3-10 モバイルアプリの種類と目的 ·················· 66
- モバイルアプリの種類
- モバイルアプリの目的と効果

3-11 プッシュ通知でユーザーにメッセージを送る ·········· 68
- アプリの継続率向上
- リアルタイム性

3-12 自社のメディアでマネタイズする ·················· 70
- 間接的なマネタイズ
- 直接的なマネタイズ

Chapter 4 インターネット広告で ユーザーに宣伝する 73

4-1 純広告と運用型広告の違い ·················· 74
- 純広告の特徴
- 運用型広告の特徴

4-2 運用型広告の配信の流れ ·················· 76
- ①KGI・KPI の策定
- ②広告文・クリエイティブの作成
- ③入稿・運用
- ④配信結果の分析

4-3 検索連動型広告（リスティング広告）とは ·················78
- 検索連動型広告（リスティング広告）の特徴
- 検索連動型広告（リスティング広告）のメリット
- 検索連動型広告（リスティング広告）のデメリット

4-4 ディスプレイ広告とは ·················80
- ディスプレイ広告の特徴
- ディスプレイ広告のメリット
- ディスプレイ広告のデメリット

4-5 ネイティブ広告とは ·················82
- ネイティブ広告の特徴
- ネイティブ広告のメリット
- ネイティブ広告のデメリット

4-6 動画広告とは ·················84
- 動画広告の特徴
- 動画広告のメリット
- 動画広告のデメリット

4-7 アフィリエイト広告とは ·················86
- アフィリエイト広告の特徴
- アフィリエイト広告のメリット
- アフィリエイト広告のデメリット

4-8 リマーケティング（リターゲティング）広告とは ········88
- リマーケティング（リターゲティング）広告の特徴
- リマーケティング（リターゲティング）広告のメリット
- リマーケティング（リターゲティング）広告のデメリット

4-9 広告に関連する指標を理解する ·················90
- 広告関連指標の種類

4-10 目標に合わせた入札戦略を選択する ·················92
- 入札戦略の種類
- 入札戦略による成果向上と効率化

4-11 広告出稿による企業リスクを把握する ·················94
- アドフラウド（広告詐欺）
- アドベリフィケーションで広告の価値毀損を検証する

Chapter 5 | SNSでユーザーと関係を築く　97

5-1 SNSとデジタルマーケティング ·················98
- オーガニック投稿と広告
- デジタルマーケティングへの活用事例

5-2 SNS の企業アカウントの運用フロー ······················· 100
- STEP1 目標設定
- STEP2 投稿スケジュール作成
- STEP3 投稿作成・投稿
- STEP4 検証

5-3 企業アカウントを運用する際に気をつけたい点 ······ 102
- 企業らしさ（トンマナ）
- スケジュール管理
- 企業リスク

5-4 X（旧：Twitter）の特徴 ································· 104
- X（旧：Twitter）の媒体特性
- X（旧：Twitter）の運用とキャンペーン

5-5 Facebook と Instagram の特徴 ···················· 106
- Facebook と Instagram の媒体特性
- Facebook と Instagram の運用と広告

5-6 YouTube と TikTok の特徴 ······················ 108
- YouTube と TikTok の媒体特性
- YouTube と TikTok の運用と広告

5-7 LINE の特徴 ·· 110
- LINE の媒体特性
- LINE の運用と広告

5-8 企業アカウントの運用に役立つツール ···················· 112
- Beluga スタジオ：SNS 投稿一元管理システム
- Social Insight：SNS 業務を効率化する分析・運用ツール

Chapter 6 デジタルマーケティングの
結果を評価する 115

6-1 デジタルマーケティングにかかわるデータを
収集する ·· 116
- 収集すべきデータを見極める
- データを収集する方法

6-2 Google アナリティクスと Firebase を利用する ··· 118
- ユーザーのトラッキング（追跡）が可能な「Google アナリティクス」
- モバイルアプリの開発・マーケティングに便利な「Firebase」

6-3 Microsoft Clarity を利用する …………………… 120
- ダッシュボードで Web サイトの健康診断を行う
- レコーディングでユーザーの行動を再生する
- ヒートマップでユーザーの行動を可視化する

6-4 収集したデータを保管する ………………… 122
- DWH（データウェアハウス）を利用してデータを保管・活用する
- DWH（データウェアハウス）活用時の留意点

6-5 オンプレミスとクラウド ………………… 124
- オンプレミスとデータ
- クラウドとデータ

6-6 主要なクラウドプラットフォーム ………………… 126
- Amazon Web Services
- Microsoft Azure
- Google Cloud

6-7 ビッグデータとデータエンジニアリング ………… 128
- ビッグデータとデジタルマーケティング
- データの分析・活用基盤を構築する「データエンジニアリング」

6-8 データをレポーティングする ………………… 130
- 目的を明確にする
- ツールを利用する

6-9 データの属性と指標 ………………… 132
- 属性は分析軸
- 指標は定量的な尺度

6-10 指標「ユーザー」と「セッション」とは ……………… 134
- 訪問者数と訪問数
- ユーザーとセッションからわかること

6-11 ページビューとスクリーンビューとは ………… 136
- Web ページやアプリの画面がどれだけ閲覧されたかを確認する
- ページビューとスクリーンビューからわかること

6-12 コンバージョンとコンバージョン率とは ………… 138
- 目標達成数と目標達成率
- コンバージョンとコンバージョン率からわかること

6-13 LTV（ライフタイムバリュー）とは ……………… 140
- LTV（ライフタイムバリュー）が注目される背景
- LTV（ライフタイムバリュー）を活用する

6-14 Web パフォーマンスとコアウェブバイタル ……… 142
- コンバージョン率とユーザー維持率の向上
- コアウェブバイタルの 3 つの指標

6-15 BI（ビジネスインテリジェンス）ツールを活用する … 144
- BI ツールの重要性
- ビジネスの意思決定をサポートする

6-16 データサイエンスで高度な分析と解析を行う ……… 146
- データサイエンスの必要性
- クラウドの登場によるデータサイエンスの加速

6-17 データを操作するための言語「SQL」 …………… 148
- SQL の必要性
- SQL の知識を活用する

Chapter 7　デジタルマーケティングを改善する　151

7-1 分析結果から仮説を立てる ………………………… 152
- 仮説の重要性
- 仮説を立てるときのポイント

7-2 ヒューリスティック評価を行う ………………… 154
- ヒューリスティック評価とは
- ヒューリスティック評価を行う際のポイント

7-3 A/B テストを実施する ………………………… 156
- A/B テストを実施するメリット
- A/B テストツールのテストのタイプ

7-4 EFO（入力フォーム最適化）を行う ……………… 158
- EFO によるコンバージョン率の改善
- EFO ツールの導入

7-5 実例に学ぶ① アクサダイレクト生命保険…………… 160
- レスポンシブ検索広告を用いた施策の改善
- LTV（ライフタイムバリュー）の高い顧客へアプローチ

7-6 実例に学ぶ② みんなの銀行 ………………… 162
- Web サイト回遊の障害になっているページの発見
- 回遊性を高めるデザインへの変更

7-7 実例に学ぶ③ 八代目儀兵衛 ………………… 164
- お米を販売する上でのギフト EC 戦略
- ギフト EC サイトのリニューアル施策

7-8 実例に学ぶ④ マネーフォワード ……………… 166
- YMYL（Your Money or Your Life）と E-E-A-T
- SEO に対するその他の取り組み

11

Chapter 8 今後のデジタルマーケティング 169

8-1 AI・機械学習の普及と生成 AI の躍進 ………… 170
- 人工知能 (AI) と機械学習 (ML) について
- 従来の AI と生成 AI の違い

8-2 機械学習を活用する ………………………… 172
- 機械学習の大まかな流れ
- 機械学習を活用した Web サイトの施策

8-3 「ChatGPT」「Copilot」「Gemini」について ……… 174
- AI チャットサービスの登場
- AI チャットサービスがデジタルマーケティングにもたらす影響

8-4 AI Overviews とは ………………………… 176
- 生成 AI によるユーザーの検索に対する回答の生成
- AI Overviews がデジタルマーケティングにもたらす影響

8-5 クリエイティブの自動生成による
広告運用の効率化 ………………………… 178
- AI による広告クリエイティブの自動生成
- 代表的な広告クリエイティブの自動生成ツール

8-6 マルチモーダル検索による革新 ……………… 180
- 直感的な画像検索
- マルチモーダル検索がデジタルマーケティングにもたらす影響

8-7 AR (拡張現実) と VR (仮想現実) について ……… 182
- 現実世界の延長の「AR (拡張現実)」とマーケティング
- 現実世界ではない空間の「VR (仮想現実)」とマーケティング

8-8 メタバースをビジネスに活用する ……………… 184
- メタバースが注目される背景
- メタバースの活用事例

8-9 デジタルマーケティング人材として意識すべきこと … 186
- インプットとアウトプットを重ねる
- 「作業」にとどまらないスキルを身につける

索引 ………………………………………… 188

デジタルマーケティングの基本

デジタルマーケティングの基本や、従来のマーケティング手法との違いについて解説します。まずは概要をつかんでから、個々のトピックについて学んでいきましょう。

Chapter

1

1-1

マーケティングとは

「デジタルマーケティング」という単語を構成する**マーケティング**とは、何でしょうか。何となくイメージはできていても、言語化するのは難しいかもしれません。

マーケティングの定義

公益社団法人日本マーケティング協会は「マーケティング」を「企業および他の組織がグローバルな視野に立ち、顧客との相互理解を得ながら、公正な競争を通じて行う市場創造のための総合的活動」と定義しています。「顧客との相互理解」とある通り、マーケティングでは「買い手目線」（顧客が何を求めているか）が重要です。

マーケティングとよく混同される言葉に「販売(selling)」がありますが、「販売」は「売り手目線」で自分が売りたいものを売ることを意味しているため、マーケティングとは出発点となる目線が異なります。経営学の父ピーター・ドラッカーは「マーケティングの理想は、販売を不要にすること」と述べましたが、「自社の商品やサービスが（販売せずとも）おのずから売れる仕組みをつくること」こそマーケティングであり、そのためには何より「買い手目線」に立つことが求められます（図1）。

従来の代表的なマーケティング手法

マーケティングは19世紀に誕生して以来、さまざまな手法で実施され、その過程で「〇〇マーケティング」という言葉が多く作られました。その1つが不特定多数(mass)に対する**マスマーケティング**で、代表的な手法は「新聞」「ラジオ」「テレビ」「雑誌」の**4マス**と呼ばれる媒体を使った以下のような**マス広告**です。

- 新聞の紙面に掲載される「新聞広告」
- ラジオ放送で流れる「ラジオ広告」
- テレビ番組の前後や途中で放送される「テレビ広告(CM)」
- 雑誌の誌面や裏表紙などに掲載される「雑誌広告」

2021年にはインターネット(Webサイトやモバイルアプリなど)に掲載される**インターネット広告**の広告費が4マスの広告費を超えましたが、一度に大人数に訴求できる4マスのマスマーケティングは未だに根強く行われています（図2）。

マーケティングと販売の違い

図1 「買い手目線」で売れる仕組みをつくるのが「マーケティング」

インターネット広告費の伸長

図2 媒体別広告費（2019年〜2021年）

媒体 \ 広告費	広告費(億円) 2019年	2020年	2021年	構成比(%) 2019年	2020年	2021年
総広告費	69,381	61,594	67,998	100.0	100.0	100.0
マスコミ四媒体広告費	26,094	22,536	24,538	37.6	36.6	36.1
新聞	4,547	3,688	3,815	6.6	6.0	5.6
雑誌	1,675	1,223	1,224	2.4	2.0	1.8
ラジオ	1,260	1,066	1,106	1.8	1.7	1.6
テレビメディア	18,612	16,559	18,393	26.8	26.9	27.1
地上波テレビ	17,345	15,386	17,184	25.0	25.0	25.3
衛星メディア関連	1,267	1,173	1,209	1.8	1.9	1.8
インターネット広告費	21,048	22,290	27,052	30.3	36.2	39.8

2021年には総広告費における「インターネット広告費」の構成比が39.8%となり、初めて「4マス」の広告費を上回る

出典：株式会社電通「2021年 日本の広告費」
URL：https://www.dentsu.co.jp/news/release/2022/0224-010496.html

まとめ
- マーケティングにおいては、「買い手目線」が重要になる
- マーケティングとは、商品やサービスが売れる仕組みをつくること
- 2021年には、「インターネット広告」の広告費が「4マス」の広告費を超えた

1-2

デジタルマーケティングとは

「デジタルマーケティング」は、「デジタル」すなわちインターネットやインターネットに接続できるデバイスを活用したマーケティングです。

デジタルマーケティングの位置付けと重要性

デジタルマーケティングとよく混同される言葉として **Web マーケティング**がありますが、デジタルマーケティングは Web マーケティングを含む、より広い言葉です（図1）。より広い意味を持つデジタルマーケティングでは Web に限らず、さまざまなデジタル技術（例：モバイルアプリ、IoT）が用いられます。

近年デジタルマーケティングは、マーケティングの中でも非常に大きなウェイトを占めるようになりました。例として、家電を購入する消費者の動きをイメージしましょう。昔は4マスの広告や家電量販店で商品の情報を収集し、家電量販店で購入に至るケースが主流でした。一方、昨今では、企業サイトや口コミサイト、X（旧：Twitter）などの SNS で情報を収集するケースも多くなりました。商品の購入も、家電量販店以外にもメーカーの EC サイト・Amazon・楽天など、複数の販路から行われています。このような消費者行動の変化により、デジタルマーケティングはより重要になりました。

デジタルマーケティングの特長

従来のマーケティングと比べて、デジタルマーケティングは「データの収集」と「ターゲティング（施策対象のユーザーを絞り込む）」に強みがあります（図2）。例えば新聞広告では、その新聞を読む多くの読者へ自社の商品やサービスを訴求できます。しかし、どれだけの読者がその広告を目にしていて、どれだけの費用対効果があったか迅速・定量的に把握できません。掲載紙を選んで、粒度の粗いターゲティングは可能ですが、読者の属性（年齢・性別・興味関心）や行動履歴にもとづくような精緻なターゲティングは困難です。一方、デジタルマーケティングの手法のひとつであるインターネット広告では、どれだけのユーザー（消費者）が広告を閲覧・クリックして、どれだけの費用対効果があったのか、迅速・定量的に把握できます。また、ユーザーの属性（年齢・性別・興味関心）や行動履歴（自社の Web サイトの商品ページを閲覧したなど）にもとづくターゲティングも可能です。このような利点を使いこなすことが、デジタルマーケティング成功のカギです。

マーケティングの中の「デジタルマーケティング」

図1 デジタルマーケティングは「Webマーケティング」を内包する

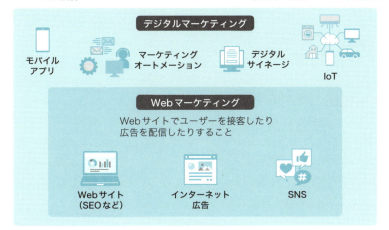

※ Web：インターネットにあるさまざまな文書・画像・動画などを公開・閲覧するシステムのこと

従来のマーケティング手法とデジタルマーケティングの違い

図2 それぞれの手法のメリット・デメリット

マーケティング手法	メリット	デメリット
従来の マーケティング手法	・一度に多くの人に訴求できる ・インターネットの利用頻度が低い層にも訴求できる	・施策の成果を評価するためのデータを収集しづらい ・精緻なターゲティングが難しい ・マス広告を利用する場合は特にコストが高くつく
デジタル マーケティング	・データを迅速、定量的に収集しやすい ・精緻なターゲティングが可能 ・コストを柔軟に設定しやすい	・インターネットの利用頻度が低い層には訴求しづらい ・テクノロジーについての知識やスキルが必要

まとめ

▶ デジタルマーケティングでは、さまざまなデジタル技術が用いられる
▶ 消費者行動の変化により、デジタルマーケティングはより重要なものとなった
▶ デジタルマーケティングの肝は、「データの収集」と「ターゲティング」

1-3
デジタルマーケティングの ゴールと「KGI」

デジタルマーケティングを始める前に**ビジネスゴール**を明確にしておきましょう。

デジタルマーケティングのゴールを明確化する

デジタルマーケティングにおける「ビジネスゴール」とは、デジタルマーケティングによって達成すべき目標のことです。例えば株式会社ワコールホールディングスは、海外事業におけるデジタルマーケティングのゴール※に「新規顧客の獲得」と「既存顧客のロイヤル化」を掲げました。他の例としては、「売上の増加」や「シェアの拡大」「ブランド力の向上」などが挙げられます。こうしたビジネスゴールから具体的な目標を設定し、施策に落とし込むことで、手段の目的化(例:ツールの導入がゴールとなり、活用に至らない)を予防できます。

KGIを決める

このような「売上の増加」「シェアの拡大」「ブランド力の向上」といった粒度の大きいゴール設定だけでは、いつまでに何をどうしたらよいのか、施策の検討や判断ができません。そこで**KGI(Key Goal Indicator)**と呼ばれる、より具体的な**重要目標評価指標**を決め、全員が同じ方向を向いて動けるようにします。

KGIを決める際は、**SMARTの法則**というフレームワークが役に立ちます。「SMART」は、Specific(具体的な)、Measurable(測定可能な)、Achievable(実現可能な)、Relevant(関連性のある)、Time-bound(期限のある)の頭文字からなる言葉です(図1)。例えば「売上の増加」というビジネスゴールを達成するために「今年度の年間売上:1億円」というKGIを決めたとします(図2)。このKGIで「今年度の」と期限を設け、「年間売上:1億円」と具体的かつ測定可能な目標を定めたことで、いつまでに何をすべきか判断しやすくなります。もちろん、ビジネスゴールである「売上の増加」とも関連性があります。

実際に具体的な施策を検討するためには、さらに詳細化した**KPI(Key Performance Indicator)**と呼ばれる**重要業績評価指標**を決める必要があります。適切なKPIを導き出すためにも、KPIの前段にあたるKGIは非常に重要です。自分自身が属する組織や、取り組んでいる業務のKGIがわからない場合は、ぜひ周りの関係者に聞いてみてください。

適切なKGIを定めるためのフレームワーク

図1 SMARTの法則

SMARTの法則に当てはめてKGIを考える

図2 ビジネスゴールが「売上の増加」の場合のKGIの例

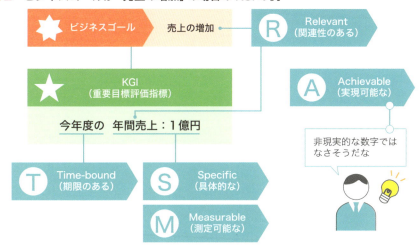

※本文出典：株式会社ワコールホールディングス　2023年3月期～2025年3月期「新中期経営計画」
URL：https://www.wacoalholdings.jp/ir/files/j202218.pdf

まとめ

- ビジネスゴールとは、デジタルマーケティングによって達成すべき目標のこと
- ビジネスゴールから具体的なKGI(重要目標評価指標)を決める
- KGIを決める際は、SMARTの法則というフレームワークが役に立つ

1-4

デジタルマーケティングの「PDCA」

PDCA は、Plan（計画）、Do（実行）、Check（評価）、Action（改善）の頭文字からなる言葉です（図1）。デジタルマーケティングを成功に導くためには、PDCA を回すことが重要です。Do（実行）の繰り返しにならないよう気をつけましょう。

Plan（計画）

まず、KGI（重要目標評価指標）をより詳細化した KPI（重要業績評価指標）と、デジタルマーケティングのターゲットとなるユーザーを決めます。続いて KPI を達成するために、具体的に何をどう「Do（実行）」するのか、戦略や施策だけでなくスケジュールや体制（役割分担）も計画し、関係者と合意形成を行います。

Do（実行）

Plan（計画）フェーズで立案した施策を実行します。例えば、Web サイトでユーザーをおもてなしする Web 接客やインターネット広告の配信、SNS における企業アカウントの運用などは、Do（実行）フェーズでの対応にあたります。

Check（評価）

施策の実施結果を評価・検証します。計画通りに施策を実行できたか、施策を実施した結果 KPI（重要業績評価指標）を達成することができたか、ひとつひとつ確認します。結果を正確に評価するためには、データの収集・保管とレポーティング（6-8）をどのように行うのか、事前に整理しておくことが重要です。

Action（改善）

Check（評価）フェーズの結果をもとに、改善のタネとなる仮説を立て、次のアクションを計画します。例えば、「問い合わせボタンの位置を変更すれば問い合わせの割合が増加するのでは」といった仮説を立てたり、仮説を検証するために A/B テスト※を計画したりするケースもあります。

※ A/B テスト：A と B どちらのパターンがよいかテストする手法 (7-3)

PDCA（Plan・Do・Check・Action）を回す

図1　PDCAの各フェーズの概要

Plan – 計画
- KPI（重要業績評価指標）の検討
- ターゲットとなるユーザーの検討
- KPIを達成するための戦略や施策の計画
- スケジュール、体制について関係者と合意

Do – 実行
- Plan（計画）で立案した施策を実行
  - WebサイトでユーザーをおもてなしするWeb接客
  - インターネット広告の配信
  - SNSにおける企業アカウントの運用
  など

Action – 改善
- Check（評価）の結果をもとに、仮説を立てる
- 次のアクションを計画する
  - 仮説検証のためのA/Bテストを計画するケースもある

Check – 評価
- 施策の実施結果を評価・検証
  - 計画通りに施策を実行できたか
  - 施策を実施した結果、KPIを達成することができたか

PDCAが回らない場合は原因を確認する

図2　PDCAのよくある失敗例

 定量的な目標が定められておらず、施策の効果があったのかよくわからない
　↳ 定量的なKPI（重要業績評価指標）を定めてから、施策を実施しましょう。

 関係者と合意形成できておらず、設定・実装が間に合わない
　↳ 関係者のスケジュールも考慮して、確実に実行できる計画を立てましょう。

 施策をやりっ放しで、十分な評価・検証が行われていない
　↳ あらかじめ、評価・検証もスケジュールに入れておくようにしましょう。

 根拠が曖昧な仮説をもとに、次のアクションを検討・実施している
　↳ データにもとづいて、客観的な仮説を立てるようにしましょう。

まとめ
- PDCAの「P（計画）」では、KPIを検討し、戦略・施策を立案する
- PDCAの「D（実行）」では、立案した戦略・施策を実行に移す
- PDCAの「C（評価）・A（改善）」では、施策を評価して改善する

1　デジタルマーケティングの基本

デジタルマーケティングの手法

デジタルマーケティングでは**オウンド(Owned)メディア**、**ペイド(Paid)メディア**、**アーンド(Earned)メディア**という3つのメディア(消費者との接点)で施策を実施します。これらを組み合わせた戦略を**トリプルメディア戦略**と呼びます(図1)。

オウンドメディアの手法

オウンドメディアは、自社のWebサイトやメールマガジン、モバイルアプリなどの自社が所有・管理しているメディアです。後述のペイドメディアやアーンドメディアで集客したユーザーを、商品の購入やブランドの理解に導く受け皿として機能します。そのため、一般的にはオウンドメディアの構築からデジタルマーケティングが始まります。オウンドメディアの手法にはSEO(検索エンジン最適化)や、ユーザーの属性や行動履歴によってWebページのコンテンツを出し分けるWeb接客などがあります。

ペイドメディアの手法

ペイドメディアは、費用を支払って宣伝・情報発信するメディアです。ネットサーフィンの際に目にする広告は、ペイドメディアの手法のひとつであるインターネット広告にあたります。ペイドメディアの活用には、宣伝・情報発信用の予算(広告の出稿費など)が必要ですが、幅広い消費者にアプローチできます。

アーンドメディアの手法

アーンドメディアは、第三者が情報発信の起点となるメディアです。ブロガーや報道機関によるパブリシティや、口コミサイトなども含まれますが、主にX(旧：Twitter)やInstagramなどのSNSを指します。ただし、ユーザー間でコンテンツをシェアするメディア(例：SNS)は**シェアード(Shared)メディア**と呼び区別する場合もあります(図2)。SNSでは、企業アカウントで商品やサービスの情報を投稿します。SNSは「リポスト」や「いいね」などのユーザーのアクションで情報を一気に拡散できる強みがある一方、不適切な投稿による炎上リスクもあります。アーンドメディアでは炎上のリスクを回避しながら、ユーザーとよい関係を築くことが重要です。

トリプルメディア戦略

図1 それぞれのメディアの位置付け

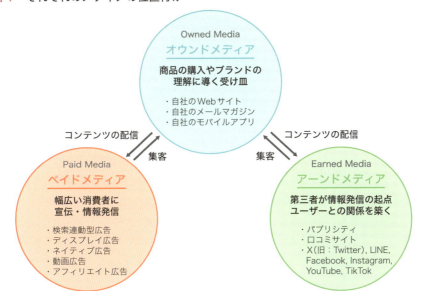

アーンドメディア・シェアードメディア・PESOモデル

図2 アーンドメディアとシェアードメディアの分類

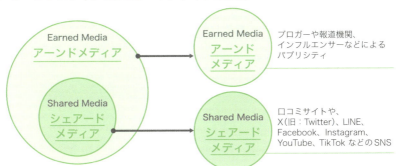

※ ペイドメディア、アーンドメディア、シェアードメディア、オウンドメディアの4つのメディアの頭文字をとってPESOモデルと呼びます。

まとめ

- ▶ 「オウンド」「ペイド」「アーンド」のトリプルメディアで施策を実施する
- ▶ オウンドメディアは自社のメディアで、他施策の受け皿となる
- ▶ ペイド・アーンドメディアは自社外のメディアで、情報拡散の要となる

Column

デジタルマーケティングを取り巻く環境の変化

■ ユーザーとの接点の多様化と人工知能(AI)・機械学習(ML)の発展

　昔はスマートフォンが普及しておらず、ユーザーがデジタルマーケティングの施策に触れるのは、パソコンでインターネットにアクセスしているときが主でした。しかし、今では大半の人がスマートフォンで日常的に Web サイトやモバイルアプリを利用しており、デジタルマーケティングの施策に日々接触しています。また、IoT(Internet of Things - モノのインターネット)の仕組みにより、インターネットに接続されていなかったさまざまなモノ(例：家電、車)もインターネットに接続されるようになり、ユーザーとの接点は爆発的に増え続けています。ユーザーとの接点が増えたことで、収集可能なデータの量は、人の手では処理しきれないほど膨大になりました。それらのデータを処理・活用するために人工知能(AI)・機械学習(ML)という技術が発展しています(8-1)。

■ プライバシー保護にかかわる法整備とさまざまな規制

　日本では改正個人情報保護法や電気通信事業法、海外でも GDPR(EU 一般データ保護規則)や CCPA(カリフォルニア州消費者プライバシー法)といったプライバシー保護にかかわる法整備が急速に進んでいます。また、Safari や Google Chrome などの Web ブラウザでは、法整備の流れを受けて Cookie(ブラウザに保存された情報)の利用規制や、トラッキング(追跡)防止機能の実装などが行われています。モバイルアプリにおいても、Apple が提供する ATT(App Tracking Transparency)というフレームワークにより、iOS のユーザー端末の識別子を取得する際には、本人から同意を得ることが義務付けられるようになりました。

■ 初心者が気をつけるべきこと

　デジタルマーケティングでは、メールアドレスや住所などの個人情報を、不用意に収集・利用しないようにしましょう。Google 社のヘルプページには「Google が個人情報と解釈していないデータであっても＜中略＞いくつかの法律の下では、個人情報とみなされたりすることがあります」という記載があります。これは、ある法律や解釈においては個人情報でなくても、別の法律や解釈では個人情報になり得ることを意味します。個人情報に関連する事柄は担当者だけで安易に判断せず、法務部門にも確認してください。また、個人情報に限らず、ユーザーのデータを収集・利用する場合は、収集するデータの内容や目的、利用方法、データの収集を止める方法などを、自社サイトのプライバシーポリシーなどでユーザーに開示することをおすすめします。

デジタルマーケティングを計画する

デジタルマーケティングにおいても、適切な計画を立てることは非常に重要です。計画時に考慮すべき事柄や、知っておくべきフレームワークについて解説します。

Chapter 2

2-1

KGIからKPIを決める

KPI（Key Performance Indicator）は**重要業績評価指標**と訳される**KGI（重要目標評価指標）**の中間指標です（図1）。

KGIを分解・再定義する

仮に「今年度のECサイトの年間売上：1億円」が会社全体のKGIだとします。こうした**KGIは、各組織の目的や役割に応じて分解・再定義する必要があります。**例えば、新規顧客の獲得が目的の組織では「"新規顧客による"今年度のECサイトの年間売上：4千万円」とKGIを分解・再定義するとKPIを検討しやすくなります。

KGIをKPIに因数分解する

KGIが決定したら、続いてKPIを設定します。KPIはKGIを因数分解して、組み立てることができます。例えば「新規顧客による今年度のECサイトの年間売上：4千万円」をKGIとしたとします。この場合のKGIは「新規購入者数」と「新規購入者あたりの購入金額」というKPIに因数分解できます。また、逆にこの「新規購入者数」と「新規購入者あたりの購入金額」を四則演算（かけ算）すると、KGIにあたる「新規顧客による今年度のECサイトの年間売上」が算出されます。このようにKGIとKPIは、因数分解・四則演算によってお互いが導き出される関係にあります。**KGIから因数分解できないような、無関係の（定量的でない）KPIを設定しないようにしましょう。**

なお、KPIはさらに因数分解することも可能です。KGIとKPIを因数分解して階層化したものを、**KPIツリー**と呼びます（図2）。例えば、前述の「新規購入者数」は「ECサイトへの新規流入者数」と「コンバージョン率※」に因数分解できます。KPIはモレなく、ダブリなく設定することが原則ですが、設定し過ぎず最大でも10個程度にしましょう。さもないとKPIを計るのに手をとられ、肝心の施策がおぼつかなくなり、せっかく設定したKPIが形骸化する恐れがあります。非現実的な数字（コンバージョン率：99％など）のKPIを設定することも厳禁です。**何をKPIとするか迷ったときは、KGIとの因果関係の強さや、当該KPIの数字が改善された際のインパクト、計測難易度などをもとに検討することをおすすめします。**

※コンバージョン率：商品の購入などの目標の達成率

KGIとKPIの定義

図1 KGIとKPIは密接に関係している

指標	定義
KGI（重要目標評価指標）	「売上の増加」のようなビジネスゴールを定量化して、測定可能にしたもの。 KGIを因数分解することで、KPIを導ける。
KPI（重要業績評価指標）	KGIを達成する過程にある定量的な中間指標。 KPIを四則演算することで、KGIを算出できる。

KGIとKPIを因数分解して階層化する

図2 KPIツリーで可視化する

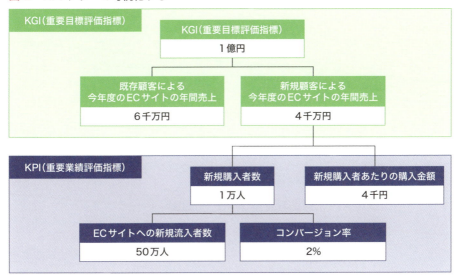

※「新規顧客による今年度のECサイトの年間売上：4千万円」＝「新規購入者数：1万人」×「新規購入者あたりの購入金額：4千円」
※「新規購入者数：1万人」＝「ECサイトへの新規流入者数：50万人」×「コンバージョン率：2％」

まとめ

- ▶ KPIはKGIを達成する過程にある、定量的な中間指標
- ▶ KGIから因数分解できないような、無関係のKPIを設定しない
- ▶ KPIは必要に応じて取捨選択し、大量に設定しすぎないようにする

2-2

ブランディングと KPI

自社の**ブランド**を確立するための活動を**ブランディング**と呼びます。では、そもそもブランドとは何でしょうか。

ブランディングを行う目的

ブランドという言葉から「ハイブランド」のような高級品を連想する人も多いでしょう。しかしブランドは高級品だけを指す言葉ではありません。例えば、街中で黄色い「M」のマークを見たとき、多くの人は、ハンバーガーを販売するマクドナルドを連想するでしょう。このように、「他のものとは一線を画する存在として、ユーザーに認知された商品やサービス」のことをブランドと言います。つまりブランディングとは「M／ハンバーガーならマクドナルド」のように、ユーザーに認知／想起してもらう（好きになってもらう）ための活動と言えます。ブランディングを行う目的は、他社の商品・サービスとの「差別化」や、ブランドに対する「共感性（親しみやすさ）」「新しさ」などをもって、ブランドを確立することです（図1）。これにより、コモディティ化（商品・サービスの画一化）による価格競争を回避しつつ、自社のブランドを愛する**ロイヤルカスタマー**から、継続的・安定的に収益を得られるようになります。

ブランディングの KPI にあたる指標（NPS・DWB）

KGI を達成するための**KFS（Key Factor for Success：重要成功要因）**として、ブランディングを考えたとします。前節の通り KPI は定量的なものを設定しますが、抽象的なブランディングを評価する代表的な指標に**NPS®（Net Promoter Score®）**と**DWB（Definitely Would Buy）**があります。NPS® は、ユーザーに「自社の商品やサービスを親しい人におすすめする可能性」を回答してもらい算出します（図2）。一方、DWB は、ユーザーに自社の商品やサービスの購買意向について、「絶対に買いたい」「買いたい」「どちらでもない」「あまり買いたくない」「全く買いたくない」の5択で回答してもらい、「絶対に買いたい」と回答したユーザーの割合です。いずれの指標を採用するとしても、重要なのは「ある一時点の結果に一喜一憂しすぎない」ことです。ブランドが成熟するには、それ相応の時間がかかります。KPI の達成は重要ですが、何よりユーザーに長く愛してもらえるよう尽力しましょう。

ブランディングの全体像

図1 ブランドの確立によってコモディティ化から抜け出す

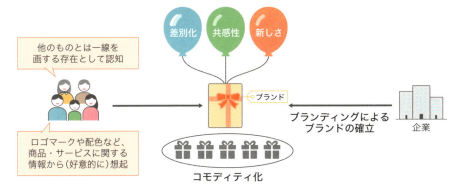

ブランディングの成否を定量評価する

図2 NPS®（Net Promoter Score®）

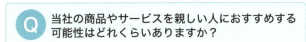

※ NPS、そしてNPS関連で使用されている顔文字は、ベイン・アンド・カンパニー、フレッド・ライクヘルド、NICE Systems, Inc.の登録商標又はサービスマークです。

まとめ

- ▶ 他のものとは一線を画する商品やサービスのことをブランドと呼ぶ
- ▶ ブランドは、差別化・共感性・新しさなどの要素によって確立される
- ▶ ブランディングのKPIには、NPS® やDWBがある

2-3

ターゲットユーザーを設定する

　従来のマーケティング手法と比べて、デジタルマーケティングは柔軟な**ターゲ ティング（施策対象の絞り込み）**ができる強みがあります。

ターゲットユーザーを設定するメリット

　例えば「新規顧客による今年度の EC サイトの年間売上：4 千万円」を KGI とし、インターネット広告の配信に使える予算が 200 万円あるとします。このとき、200 万円かけて「不特定多数のユーザーに広告配信する」のと「新規顧客にのみ広告配信する」のはどちらが効率的でしょうか。前者の「不特定多数のユーザー」の中には、当然既存顧客も含まれます。そのため、200 万円の広告予算のいくらかは、既存顧客への広告配信に使われてしまいます。一方、後者の「新規顧客にのみ広告配信する」では、200 万円の広告予算のすべてがターゲットユーザーである新規顧客の獲得に使われるため、予算を効率的に有効活用できます。

セグメンテーションとターゲティングを行う

　セグメンテーションとは、自社の商品やサービスを提供する市場にいるユーザーを、さまざまな切り口で細分化することです。主な切り口としては**地理的変数**、**人口動態変数**、**心理的変数**、**行動変数**の 4 つが挙げられます（図1）。セグメンテーションは、いわばターゲティングの下ごしらえの工程です。

　セグメンテーションが完了したら、細分化されたユーザーセグメントから、ターゲットのユーザーセグメントを選定します（図2）。これがターゲティングの工程です。例えば「日本在住の 30 代男性で、スポーツが好きな新規顧客」のように絞り込みます。この絞り込みの粒度が適切かを判断するための指標として、**Rank（優先順位）**、**Realistic（規模の有効性）**、**Reach（到達可能性）**、**Response（測定可能性）**からなる **4R** があります。例えば、前述のターゲットを「千葉県柏市在住の 33 歳男性で、アメフトが好きな新規顧客」のようにさらに絞り込んだらどうでしょうか。確かにターゲットはより明確になりましたが、Realistic（規模の有効性）の観点で、十分な売上が見込めない可能性があります。また Reach（到達可能性）の観点でも、ここまで限定的なターゲットに対して的確にアプローチできる施策は限られます。デジタルマーケティングの施策を有効に展開していくために、4R を意識してターゲティングを行ってください。

セグメンテーションの切り口

図1　4つの変数（細分化例）

地理的変数（ジオグラフィック変数）

ユーザーの地理的な属性

例 国、地域、市区町村、気候、人口密度

人口動態変数（デモグラフィック変数）

人口動態と関連するユーザーの属性

例 年齢、性別、家族構成、職業、ライフステージ

心理的変数（サイコグラフィック変数）

ユーザーの心理的な属性

例 趣味嗜好、興味関心、価値観

行動変数（ビヘイビアル）

商品・サービスにかかわるユーザーの購買行動

例 購入目的、購入金額、購入頻度、購入商品

市場からターゲットとなるユーザーセグメントを選定する

図2　セグメンテーションとターゲティングのイメージ

セグメンテーション
市場を細分化する

ターゲティング
細分化された市場の中から
ターゲットとなるセグメントを決める

まとめ

- ▶ ターゲットユーザーを設定することで、予算を効率的に活用できる
- ▶ ターゲットユーザーは、セグメンテーションとターゲティングで定める
- ▶ 4Rで、ターゲティングの粒度が適切かどうか判断する

2-4

ペルソナを作る

ペルソナとは、ターゲットユーザーを詳細化して、架空の人物に置き換えたものです。例えば、「日本在住の30代男性で、スポーツが好きな新規顧客」のようなターゲットユーザーについて、典型的な一人の人物像を作り上げることで、その人物の思考や行動が想像できるようになるため、施策を検討しやすくなります（図1）。

ターゲットユーザーの情報を集める

あくまでペルソナは架空の人物ですが、ターゲットユーザーの中の典型的な人物像である必要があります。主観と想像だけでペルソナを作っても、説得力に欠ける人物像ができあがってしまいます。そのため、まずはペルソナのもとになるターゲットユーザーの情報を集めることが重要です。情報収集の手段として、以下が挙げられます。

① ターゲットユーザーにインタビューする
② ターゲットユーザーに詳しい人にヒアリングする
③ 調査会社のアンケートなどで調べる

「① ターゲットユーザーにインタビューする」では、ターゲットの属性のユーザーを複数人集めて、質疑応答の形で情報を集めます。情報の信頼性は①が最も高く、②、③の順で低くなります。一方、一般的にはコストも①が最も高くつくため、費用を捻出できないケースもあるかもしれません。その場合も、知り合いや友人に聞いてみるなど何かしら情報を集められるように努力しましょう。

ペルソナを作り込む

ターゲットユーザーの情報を集めた後は、それらの情報をもとにペルソナを作成します。ペルソナは典型的な一人の人物像となるため、「年齢」「性別」などの人口統計学的属性や、「趣味嗜好」などの心理学的属性はもちろん、「氏名」「写真（イラスト）」なども記載しましょう。またペルソナには、I am Statement と呼ばれるターゲットユーザー視点の自己紹介文や、行動シナリオも盛り込みましょう（図1）。ターゲットユーザーが日々商品やサービスとどのようにかかわり、どのような悩みを抱えているのかを可視化することで、リアルな人物像がイメージしやすくなります。

ペルソナの作成例

図1 靴を商材とする企業のペルソナのサンプル

氏名	野村 創介
年齢・性別	33歳・男性
職業	会社員(IT企業勤務)
住まい	千葉県柏市(2LDKの賃貸マンション)
家族構成	妻、長男(4歳)
年収	600万円(貯金：1,000万円)
学歴	都内私立大学の商学部卒
趣味	フットサル、ランニング、海外ドラマの視聴

自己紹介文(I am Statement)

東京都内のIT企業でデジタルマーケティングエンジニアとして働いています。
以前は毎日1時間ほどかけて、電車で出勤していましたが、現在は週の半分はテレワークです。
テレワークによる運動不足も気になるので、最近は早朝にランニングするよう努めています。
休日(土日祝)は妻子と都内まで買い物か、近所の公園に出かけることが多いです。
息子とお揃いのコーディネートで出かけて、撮影した写真を親族にLINEで共有するのが楽しみです。
靴もお揃いのデザインにしたいのですが、家族全員が履けるような幅広いサイズで展開されている
好みのデザインの靴がなかなか見つからず、しばらくインターネットや量販店で探しています。
Instagram・Facebook・Xもやっていますが、基本的に見る専門で写真を投稿することはありません。
買い物をする際は、口コミサイトやSNSに投稿されているレビューを必ずチェックします。

休日の行動シナリオ

時間	行動	利用端末
9:00	起床	–
10:00	バラエティー番組を視聴しながら朝食	テレビ
12:00	妻子と近所にランチを買いに出かける	–
13:00	バラエティー番組を視聴しながら昼食	テレビ
14:00	息子と近所の公園に出かける	–
16:00	帰宅。息子にYouTubeを見せつつ、おやつタイム	テレビ
	自身はネットサーフィン	スマートフォン
19:30	バラエティー番組を視聴しながら夕食	テレビ
21:30	息子を寝かしつけて、妻と海外ドラマを視聴	テレビ
23:00	InstagramとXで友人の投稿を閲覧	スマートフォン
24:00	就寝	–

まとめ

- ペルソナは、ターゲットユーザーの中の典型的な人物像
- ペルソナは、インタビューの回答などの客観的な情報をもとに作成する
- ペルソナには、ターゲットユーザー視点の自己紹介文などを盛り込む

2-5

カスタマージャーニーを考える

　カスタマージャーニーとは、ユーザーが商品やサービスを認知してから、興味・関心を持ち、比較・検討などを経て、購入などの目的の達成に至るまでの一連の行動です。

カスタマージャーニーマップを作成する

　カスタマージャーニーはユーザーによって異なるため、一般的にはターゲットユーザーの中の典型的な人物像である**ペルソナ**を例に考えます。カスタマージャーニーを可視化した図を**カスタマージャーニーマップ**と呼びます（図1）。作り方はさまざまですが、主にステージごとに下記のような項目を記載していきます。

- ユーザーがどのような行動をとったか
- ユーザーがどのようなメディアと接点（タッチポイント）を持ったか
- ユーザーがどのような思考・感情を抱いたか
- ユーザーが感じた課題に対して、どのような施策が有効か

　ペルソナを作成した際と同様に、カスタマージャーニーマップもインタビューの回答などの客観的な情報を優先して作成しましょう。主観と想像が入り混じると、実際のターゲットユーザーの行動と乖離する恐れがあります。またカスタマージャーニーマップの作成は、非常に大変な作業です。最初からこだわりすぎると、完成に至らなかったり、ごく一部のユーザーにしか当てはまらないものになったりする場合があります。まずはシンプルなものを完成させ、徐々に作り込みましょう。

カスタマージャーニーマップを作成するメリット

　デジタルマーケティングには、Webサイトの担当者、インターネット広告の担当者、SNSの担当者のように、さまざまなメディアの担当者が関わります。カスタマージャーニーマップを作成することで、各担当者が、自身のメディアがデジタルマーケティングの施策全体の中でどのような役割を担い、他のメディアとつながっているのか意識しやすくなります。これにより、各担当者が共通認識を持ち、ユーザーとコミュニケーションをとることが可能となります。ぜひ、関係者と会話しながらカスタマージャーニーマップを作成・運用してみてください。

カスタマージャーニーマップの作成例

図1　シナリオ：靴を探しているユーザーが商品を認知し、購入するまで

> 通常、スタートは「認知」となるが、ゴールはシナリオに応じて「利用」「共有」などに調整する

ステージ	認知	興味・関心	比較・検討	購入
顧客行動	・ファッションコーディネートサイトを閲覧 ・SNSでハッシュタグ(#)を検索 ・ファッション雑誌を立ち読み	・公式サイトを閲覧 ・SNSで口コミをチェック	・家族で店舗を訪問し、試着	・家族で同じデザインの靴を購入
顧客接点	・ファッションコーディネートサイト ・Instagram、X ・雑誌	・公式サイト ・Instagram、X	・店舗	・店舗
思考・感情	・かわいいデザインだな ・小さな子ども向けのサイズもあるのは知らなかった	・これ欲しいな ・妻にも印象を聞いてみよう	・サイズ感や履き心地は問題なさそうだな ・息子も気に入ってるみたいだ	・みんなで履くのが楽しみ！
課題	・同じデザインで幅広いサイズを販売していることを、認知していなかった	・色違いでもう少し色んな角度の写真が見たかった ・サイズ感や履き心地についての口コミが少なく、気になった	・気になる商品が販売されている店舗が遠く、出向くのが大変だった	・出向いた店舗に在庫がなく、少し待って他店舗から取り寄せるか悩んだ
施策	・ファッションサイトを中心に、認知につながるインターネット広告を配信 ・SNSの公式アカウントによる情報発信を強化	・公式サイトへの商品写真の掲載強化、動画の掲載 ・公式サイトにユーザーのレビューやインタビューを掲載	・オンライン試着サービスの導入 ・公式サイトで購入して試着できるよう、返品、交換ポリシーを見直し	・ブランドサイトに店舗ごとの在庫状況を掲載 ・接客や取り寄せなどのオペレーションの改善

2

デジタルマーケティングを計画する

まとめ

- ► カスタマージャーニーとは、ユーザーの一連の行動のこと
- ► カスタマージャーニーマップは、複雑すぎず、客観的なものとする
- ► カスタマージャーニーマップで、各担当者が共通認識を持つことができる

2-6
デジタルマーケティング戦略立案に向けた分析を行う

適切なデジタルマーケティング戦略を立案するためには、市場を分析し、自社の商品やサービスの優位性とポジショニング（立ち位置）を明確にする必要があります。

ポジショニングを考える

明確化する手法に、**STP 分析**というフレームワークがあります。「STP」は **2-3** で解説した「**セグメンテーション**」「**ターゲティング**」と、「**ポジショニング**」の 3 つの英単語の頭文字を表しています。例えばセグメンテーションとターゲティングにより、「日本在住の 30 代男性／スポーツが好きな新規顧客」をターゲットに据えたとします。仮に商材が靴の場合、どのようなポジショニングが考えられるでしょうか。ポジショニングを考える際は、競合となる商品やサービスに対する自社の優位性を見極めることが重要です。靴なら「独自の技術を用いたクッションで長時間走っても足を痛めづらい」や「幅広いサイズ展開で、家族でおそろいにしやすい」などの路線が考えられます。一般的には、こうした内容を**ポジショニングマップ**と呼ばれる縦軸・横軸の 2 軸で作られた表に落とし込み、自社と他社の位置づけを明確にします（図1）。

マーケティングミックスと 4P・4C 分析

続いて、STP 分析した結果をもとにした実行戦略を立案します。この工程で役に立つのが、マーケティングを構成する要素を組み合わせて考える**マーケティングミックス**という手法です。マーケティングミックスでは **4P** と **4C** というフレームワークがよく使われます（図2）。4P は、「売り手目線」のフレームワークで「どのような商品・サービスを」「どのような価格で」「どのような流通経路を経て」「どのように販売促進していくべきか」を分析します。一方、4C は「買い手目線」で分析するフレームワークで、自社の商品・サービスについて「顧客にとってどのような価値があって」「手に入れるためにはどれぐらいのコスト（金額・時間）がかかって」「どのような流通経路で届けると便利で」「どのようなコミュニケーションを取ると良いのか」分析します。4P と 4C は表裏一体であり、双方向から自社の商品／サービスを分析することで、適切な実行戦略を立案できます。4P・4C ともに矛盾（例：高齢者向けの商品を TikTok で宣伝）せず、一貫するように考えましょう。

自社と他社の商品やサービスの位置づけを明確にする

図1　ポジショニングマップの作成例

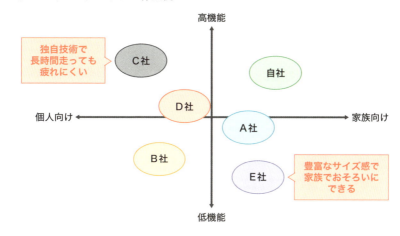

マーケティングミックスのフレームワーク

図2　4Pと4C

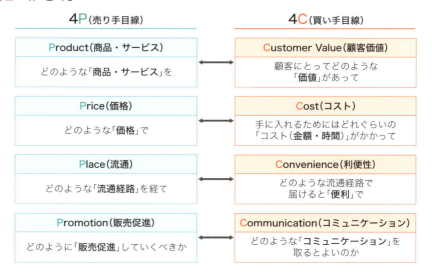

> **まとめ**
> ▶ ポジショニングは、自社の商品やサービスの優位性をもとに考える
> ▶ 実行戦略を考える際はマーケティングミックス(4P・4C)が役に立つ
> ▶ 4Pと4Cは表裏一体。矛盾なく一貫させることが重要

2-7

KPI を達成するための施策を考える

　KPI に対して複数の施策が考えられる場合、どの施策を優先すべきでしょうか。デジタルマーケティングにおける優先順位の決め方について解説します。

優先順位を決める

　優先順位を決める際にポイントとなるのが「工数」「費用」「KPI への影響度」の 3 点です。工数とは、「施策の実行に必要となる時間と人数」を表す数字です。「作業時間×人数」で計算し、「〇〇人日（MD）」や「〇〇人月（MM）」といった単位で表します。例えば、「1 人で 10 日かかる作業」と「2 人で 1 カ月かかる作業」はそれぞれ「10 人日（MD）」と「2 人月（MM）」です（図1）。施策の実施に必要な作業を洗い出して、作業ごとに工数の見積もりを行います。動員可能な人員が 5 名なら、1 カ月に対応可能なのは「5 人月（MM）」です。対応可能工数と比べて、無茶な計画を立てないようにしましょう。また、社外に業務を委託する場合、工数は費用と直結します。作業の内容によりますが、特にエンジニアの作業を伴う施策（例：Web サイトの作成）は、「〇〇人日（MD）：〇〇万円」のように、工数をもとに費用の見積りが行われるケースがあります。これらの作業費とデジタルマーケティングツールの利用費、ペイドメディアを利用する場合は広告出稿費などを勘案し、施策の費用を予算内におさめる必要があります。最後に「KPI への影響度」も重要ですが、どの施策によってどの程度 KPI の数字に近づくか、事前に予測するのは難しいかもしれません。社内に類似の施策事例がない場合は、社外の専門代理店や施策で利用するツールの提供元に、他社事例をヒアリングすることをおすすめします。

スケジュールを組む

　「工数」「費用」「KPI への影響度」をもとに施策の優先順位を決めたら、スケジュールを組んでいきます。数人月（MM）など特に作業が多く工数が大きい施策を実施する場合は、WBS（Work Breakdown Structure）を作成するようにしましょう。WBS は施策の実行に必要な作業を洗い出して、一覧にしたものです。ガントチャートと組み合わせることで、各作業の進捗状況を管理できます（図2）。作成したWBS は当該施策の関係者に共有し、全員が状況を把握できるようにしておきましょう。関係者が集まる会議体があれば、プロジェクトリーダーなどがその場で状況を報告し、もし遅滞があれば、都度対応することをおすすめします。

工数の計算式

図1　人日 (MD) と人月 (MM)

1人で10日かかる作業

1人 × 10日 = 10人日 (MD)
man-day

2人で1か月かかる作業

2人 × 1カ月 = 2人月 (MM)
man-month

※人日は「MD (man-day)」、人月は「MM (man-month)」と表記することがあります。

作業の進捗状況を管理する

図2　WBS (Work Breakdown Structure) とガントチャート

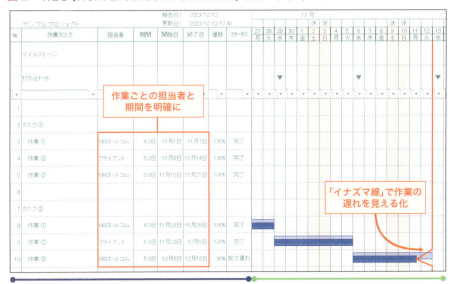

※上図は、「taskline」というフリーのExcelアドインで作成した例です。

まとめ

- ▶ 優先順位を決める際は「工数」「費用」「KPIへの影響度」を意識する
- ▶ 動員可能な人員・工数と比べて、無茶な計画を立てないようにする
- ▶ WBSを関係者間で共有し、全員が状況把握できるようにする

2-8

体制と役割を検討する

　デジタルマーケティングの業務範囲は多岐にわたり、さまざまな人材が必要となります。効率的に PDCA を回すには、実施体制と各々の役割を明確にしなければなりません。

社内の体制と役割を検討する

　デジタルマーケティングを推進する体制は、企業によってさまざまです。例えば、事業部ごとに縦割りで推進チームを置くケースです。これはよくありますが、事業部ごとに異なるツールを導入したり、互いのデータの利活用に支障をきたしたりなど、全体最適化に問題がある場合が多いです。このような状況をサイロ化と呼びます。近年はサイロ化を解消するため、事業部を横断する「デジタルマーケティング推進グループ」を置く企業も増えています。例えば、豊富な知見・ノウハウを持つ人材を集めた CoE(Center of Excellence)という部門横断的な専門組織を置く企業もあります。SBI グループでは SBI ホールディングス株式会社にデータ活用の CoE(社長室ビッグデータ担当)を置き、事業会社に知見・ノウハウの拡散を行っています(図1)。いずれの場合も、重要なのはどの組織・誰がどのような役割を担い、組織間(例：事業部と情報システム部)でやり取りが必要な場合に誰を窓口とするのかを整理しておくことです。自身が新しく参画した際は、日々周囲の関係者とコミュニケーションを図り、困ったときにどこ(誰)に相談するかを把握しておくことで円滑に業務が進みます。

外部への業務委託を検討する

　すべての業務を内製化できるに越したことはありませんが、大多数の企業ではデジタルマーケティング人材が不足しており、なかなか難しいのが実情です。そのため、多くの場合においては、専門的なノウハウを持つ代理店へ業務委託を行っています(図2)。さまざまな顧客やツールベンダー(提供元)と接している代理店に業務委託することで、業務の効率化や人材の確保はもちろん、最適な手法で自社のデジタルマーケティング業務が行えます。ただし、自社の内情も踏まえた対応を代理店に求めるには、「情報開示」と「コミュニケーション」が必要です。代理店を選定する際は RFP(提案依頼書)に対する提案内容だけでなく、ともにデジタルマーケティングを推進していけるか、担当者の人柄や経験なども考慮することをおすすめします。

デジタルマーケティングの推進体制の例

図1　SBIホールディングス株式会社のCoE

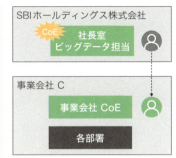

SBIHD社長室ビッグデータ担当から、事業会社のビッグデータ担当を経て、知見・ノウハウを拡散する

事業会社の中にもCoE組織を構築し、社長室ビッグデータ担当から各事業会社に人材出向や知見・ノウハウの拡散を行う

出典：Google Cloud「SBIグループ横断的なデジタルマーケティング基盤の構築」
URL：https://lp.cloudplatformonline.com/rs/808-GJW-314/images/Finance_Summit_0302_Session1.pdf

外部委託先となる「代理店」を選定する

図2　代理店の選定の流れ

主なチェックポイント
提案内容や見積もり金額のほか、各代理店の得意分野、実績、業務範囲、会社規模、担当者の人柄や経験など

	外部委託先の選定方針検討	RFP作成、提案依頼	事前打ち合わせ	提案打ち合わせ、社内検討	契約締結、プロジェクト開始
発注側企業	・選定方針検討 ・代理店リストアップ	・RFP作成 ・代理店に提案依頼	・RFP説明	・提案、見積もり内容の確認 ・各代理店の評価、依頼先の決定 ・提案内容の修正依頼	・契約手続き ・キックオフミーティングの準備
代理店		・RFP確認 ・提案準備	・ヒアリングの実施 ・Q&Aの実施	・プレゼンの実施 ・見積もりの提示 ・提案内容の修正	・契約手続き ・プロジェクトの準備

※RFP（Request for Proposal）：提案依頼書。プロジェクトの概要や要件・要望、提案依頼内容をまとめたもの

まとめ
- ▶ デジタルマーケティングの推進には、各組織・人の役割を整理することが重要
- ▶ 日々関係者とコミュニケーションを図り、相談先を把握する
- ▶ 人材が不足している場合は代理店への業務委託を検討する

2-9
デジタルマーケティングツールを選定する

デジタルマーケティングの施策の実施には、ツールの利用が欠かせません。

デジタルマーケティングツールを導入するメリット

例えば、ZOZOTOWN を運営する株式会社 ZOZO では、ユーザーにメールの配信などを行う**マーケティングオートメーション(MA)システム**を自前で開発・運用しています※。人材が十分にいれば、目的に応じて独自のシステムをゼロから開発するのも可能かもしれませんが、多くの企業には非常に困難です。そのため、通常は外部企業が提供するデジタルマーケティングツールを利用します(図1)。これらのツールには、作業の自動化やレポート、HTML メールのデザインテンプレートの提供など、便利な機能が多くあります。ツールの機能によって PDCA を効率的に回せることが、デジタルマーケティングツールを導入するメリットです。

デジタルマーケティングツールを選定する際のポイント

通常、ツールを導入する際は、どれが自社に合うか類似ツールを比較検討します(図2)。選定する際のポイントには、以下のようなものが挙げられます。

①業務要件(やりたいこと)が実現できるか
②コスト(初期導入費・ランニングコスト)が適正か
③自社の体制での運用が容易か
④既存のツールやシステムと親和性があるか
⑤拡張やツールの変更が容易か(より革新的なツールが登場した場合も考慮する)

特に重要なのが「③自社の体制での運用が容易か」です。よくある失敗に「色んなことができるハイエンド(高性能・高価)なツールを導入したが、人員が足りず、上手く活用できなかった」というものがあります。5人のチームと20人のチームでは、稼働できる工数(作業時間×人数)が異なります。コストの浪費を防ぐためにも、自社のケイパビリティ(能力)を大きく超えるツールは導入しないようにしましょう。また、自社の体制が十分でない場合は、「ツールの提供元や販売代理店によるサポートが充実しているか」という点にも着目することをおすすめします。

※出典：株式会社 ZOZO TECH BLOG「マーケティングオートメーションシステムを支えるリアルタイムデータ連携基盤をリプレイスした話」
URL：https://techblog.zozo.com/entry/ma-realtime-data-infrastructure-replacement

デジタルマーケティングツールの例

図1　関係領域と代表的なツール

関連領域	概要	代表的なツール
アクセス解析	Webサイトやモバイルアプリへのアクセス状況を計測・可視化する	Google アナリティクス、Adobe Analytics、Mixpanel
Web接客	ユーザーの属性や行動履歴によって Web ページのコンテンツを出し分ける	KARTE、Rtoaster、Sprocket
マーケティングオートメーション（MA）	メールマガジンの配信などのマーケティング業務を自動化する	Salesforce Marketing Cloud、Adobe Marketo Engage、b→dash
インターネット広告	検索連動型広告やディスプレイ広告などのインターネット広告を配信する	Google 広告、Yahoo! 広告、Meta 広告

デジタルマーケティングツールを比較検討する

図2　比較表の作成例

比較軸は関係者間で合意しておく

ツールの提供元や代理店にヒアリングした結果をまとめる

No.	分類	比較軸	Web接客・A/B テストツール	
			ツール A	ツール B
1	提供企業概要	提供企業名	株式会社○○○	株式会社△△△
2		国内／外資	国内	国内
3		設立	2012年	2011年
4	業務要件	Webサイト上の行動データの利用	○ ツール A で対象となるデータを計測することで、実現可能	○ ツール B で対象となるデータを計測することで、実現可能
5		DWH（データウェアハウス）のデータの利用	○ ツール A の 〜〜 という機能を利用することで、実現可能	○ ツール B の 〜〜 という機能を利用することで、実現可能
6	機能	ノーコードエディター	○	○
7		コード編集（HTML/CSS/JS）	○	○
8		ページ内 A/B テスト	○ ツール A の 〜〜 という機能を利用することで、実現可能	△ ポップアップの A/B 分岐は可能
17	サポート	窓口	チャット（平日 10:30〜17:00）・個別相談（オンライン）・サポートサイト	サポートサイト・コールセンター
18		窓口対応時間帯	平日 10:30〜17:00	24 時間 365 日
19		代理店・パートナー制度	○	○
20	コスト	初期導入費用	〜〜 万円 ※代理店によるサポート費は除く	〜〜 万円 ※代理店によるサポート費は除く
21		ランニング費用	・〜●● 万 PV／月：▲▲ 万円 ※代理店によるサポート費やオプション費用は除く	・〜●● 万 PV／月：▲▲ 万円 ※代理店によるサポート費やオプション費用は除く

まとめ

► デジタルマーケティングツールを導入することで、PDCA を回しやすくなる
► ツールを導入する際は、類似のツールをいくつか並べて、比較検討する
► 自社のケイパビリティと比べて、過度にオーバースペックなツールは導入しない

2-10

コミュニケーションルールを決める

デジタルマーケティングを計画したら、関係者を巻き込んで計画を進めるための**コミュニケーションルール**を取り決めます。適切なルールを定めることで、進捗の遅れや関係者間の認識齟齬を予防(あるいはリカバリー)しましょう。

会議体を決める

まずは**会議体**を決めます。異なる組織に所属する関係者が集まって会議をする場合、日程調整に時間がかかるケースが多いです。そのため、**計画段階で、会議の候補日時や開催頻度**はある程度決めておきましょう。また、一部の関係者間でのみ共有・議論が必要な議題がある場合は、参加者を絞った**分科会**や **WG(ワーキンググループ)**を開催するとよいでしょう。会議体が決まった後は、各回の「アジェンダ」と「関連部署」「想定時間」を明確にしておくと、運営がスムーズになります(図1)。

テレワークの導入が進んだ現在においては、**Zoom** や **Teams** などの**オンライン会議システム**によって会議を開催する機会も増えました。遠隔地から参加する関係者が多い場合は、これらを使ったリモート会議も取り入れると、日程調整が行いやすくなります。またオンライン会議システムでは、会議音声の録音や文字起こしも可能なため、議事録を残しやすいメリットがあります。ただし、情報漏えいのリスクには配慮して利用しましょう。

コミュニケーション手段を決める

あわせて、関係者間でやり取りする際のコミュニケーション手段も設けます。一般的にはメールあるいは **Backlog** のような**プロジェクト管理ツール**を使用するケースが多いです。迅速なやり取りが必要な場合は **Slack** などのチャットツールを利用することもあります。特に大規模なプロジェクト(施策・案件)を計画している場合は、「誰がいつまでに何をしなければならないのか」を可視化できるプロジェクト管理ツールを導入することをおすすめします(図2)。プロジェクト管理ツールを導入しておくと、前述の会議体の中で、個々のタスクの進捗状況の確認やリスケジュールも行いやすくなります。なお口頭でのコミュニケーションも大事ですが、**特に重要な決定事項**などは、**書面でも残し共有**しておくようにしましょう。このような日々の取り組みが、関係者間の認識齟齬や「言った言わない」の議論を予防します。

会議体のアジェンダを周知する

図1　各回のアジェンダの作成例

各回の「アジェンダ」と「関連部署」「想定時間」を明確に

No.	日程	アジェンダ（概要）	アジェンダ（詳細）	関連部署	想定時間（分）
1	11/8(水) 14:00-15:00	「タスク①：作業①」のレビュー	「タスク①：作業①」の対応内容の説明とレビュー	マーケティング部	25
		「タスク①：作業②」の進め方確認	「タスク①：作業②」の進め方のすり合わせ	マーケティング部	25
		プロジェクトの管理	「WBS」と「Backlog」の確認	全体	10
2	11/15(水) 14:00-15:00	「タスク①：作業②」の状況確認	「タスク①：作業②」の進捗状況の確認	マーケティング部	25
		「タスク①：作業③」の進め方確認	「タスク①：作業③」の進め方のすり合わせ	マーケティング部	25
		プロジェクトの管理	「WBS」と「Backlog」の確認	全体	10
3	11/22(水) 14:00-15:00	「タスク①：作業③」のレビュー	「タスク①：作業③」の対応内容の説明とレビュー	マーケティング部	25
		「タスク②：作業①」の進め方確認	「タスク②：作業①」の進め方のすり合わせ	システム部	25
		プロジェクトの管理	「WBS」と「Backlog」の確認	全体	10
4	11/29(水) 14:00-15:00	「タスク②：作業①」のレビュー	「タスク②：作業①」の対応内容の説明とレビュー	システム部	25
		「タスク②：作業②」の進め方確認	「タスク②：作業②」の進め方のすり合わせ	システム部	25
		プロジェクトの管理	「WBS」と「Backlog」の確認	全体	10

プロジェクト管理ツールでタスク管理を行う

図2　コミュニケーション手段としてBacklogを利用する場合

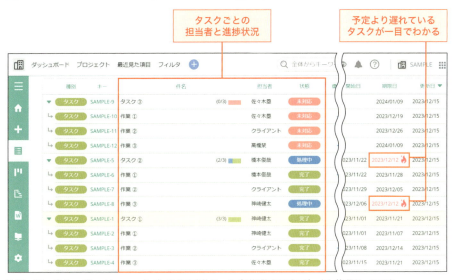

※「Backlog (https://backlog.com/ja/)」は株式会社ヌーラボが提供するプロジェクト管理ツールです。
いずれかのタスクを選択すると、そのタスクの詳細を確認できます。

まとめ

- ▶ 計画段階で、会議の候補日時や開催頻度はある程度検討しておく
- ▶ 特に大規模なプロジェクトでは、プロジェクト管理ツールの導入を推奨
- ▶ 重要な決定事項などについては、書面でも残して(共有して)おく

Column

NDA（秘密保持契約）と業務委託契約

■ NDA（秘密保持契約）

　デジタルマーケティングの業務を外部委託する場合、発注側である企業と受注側である代理店の間で契約手続きが発生します。契約書面は業務の内容や要件に合わせて調整する必要があり、担当者は自社の法務部門と相談しながら、リーガルチェック（妥当性やリスクの確認）を行うのが一般的です。**NDA（秘密保持契約）**は、企業の機密情報を保護するための契約です。発注前でも、発注側である企業から提案依頼を行う際に提示する「RFP（提案依頼書）」などに、外部に流出してはいけない情報（例：現在の課題、検討している施策）が含まれる場合があるため、情報を開示する前に締結します。

■ 業務委託契約

　業務を発注する際は、発注先と「業務委託契約」を取り交わします。業務委託契約は業務の内容や委託方法によって、**準委任契約**と**請負契約**の2種類に分かれます（**図1**）。

図1　準委任契約と請負契約

契約形態	重視すること	詳細
準委任契約	業務のプロセス（過程）	業務のプロセス（過程）を重視するため「納品」という考え方はありません。発注側の企業が依頼した業務を、契約期間内に責任を持って遂行してもらうことが目的で、受注側の代理店からは専門家としての意見や成果物を提示します。一般的に、コンサルティングや広告運用支援は準委任契約とすることが多いです。
請負契約	業務の結果（完成）	例えば、Webサイトの制作業務を外部委託する場合、通常は請負契約を結びます。準委任契約と違い、受注側である代理店には「納品物」に対する責任が発生します。代理店（制作会社）からの納品物を発注側の企業が検収し、問題なければ、作業完了となります。問題が発生した場合は、契約書で定めた期間内であれば「契約不適合責任」にもとづいて、受注側の代理店（制作会社）は無償で対応する必要があります。

Web サイトやモバイルアプリといった、自社のメディアにおける SEO（検索エンジン最適化）やプッシュ通知などの施策について解説します。

自社のメディアでデジタルマーケティングを開始する

Chapter

3

3-1

Webサイトの種類と目的

　Webサイトの運用を行う際は、目的や役割の把握が大切です。Webサイトの種類と目的を理解することで、コンテンツの作成や改善、施策の検討を適切に行うことができます。

Webサイトの種類

　以下のように、企業が運営するWebサイトの種類はさまざまです。それぞれのWebサイトには目的があります（図1）。

- **コーポレートサイト**：企業や事業内容を紹介するWebサイト。主な目的はユーザーや投資家からの認知度向上や信頼獲得
- **サービスサイト・ブランドサイト**：商品やサービスの紹介に特化したWebサイト。主な目的は購買促進やブランディング
- **ブログ・記事サイト**：ユーザーの興味を引く情報や商品・サービスの魅力を発信するWebサイト。主な目的は認知拡大や集客、販売促進
- **ポータルサイト**：インターネット検索や辞書、翻訳、天気予報など、幅広いコンテンツを利用できるWebサイト。主な目的は顧客との接点を作り、集客すること

Webサイトの目的を達成しているか評価する指標

　ビジネスとしてWebサイトを運用する背景には、企業の収益を高める目的が存在します。この目的を明確にすることで、KGIと、KGIの中間指標となるKPIを定め、Webサイトを定量的に評価できるようになります（図2）。例えば、売上向上を目的としたECサイトでは、「新規購入者数」「リピート率」「購買回数」「顧客単価」などの売上に関わる指標をKPIとするとよいでしょう。認知の拡大や集客を目的とするコーポレートサイトやブログ・記事サイト、ポータルサイトでは「訪問数」「ユーザー数」「平均滞在時間」「回遊率」などのWebサイトのアクセス数や滞在に関わる指標がKPIになります。サービスサイト・ブランドサイトなどの販売促進を目的としたWebサイトの場合は、「資料請求数」「問い合わせ件数」「成約率」など、購入につながるアクションに関わる指標がKPIになります。

48

Web サイトの種類を理解する

図1　Web サイトの種類ごとの目的

Webサイトの種類	主な目的	Webサイトの例
コーポレートサイト	認知度向上 信頼獲得	• NRIネットコム株式会社（https://www.nri-net.com/） • 株式会社資生堂（https://corp.shiseido.com/jp/） • 株式会社良品計画（https://www.ryohin-keikaku.jp/）
サービスサイト ブランドサイト	購買促進 ブランディング	• 花王株式会社：キュキュット（https://www.kao.co.jp/cucute/） • 江崎グリコ株式会社：ポッキー（https://www.pocky.jp/） • サイボウズ株式会社：kintone（https://kintone.cybozu.co.jp/）
ブログ 記事サイト	認知拡大 集客 販売促進	• Google Japan Blog（https://japan.googleblog.com/） • PLAID Solution Blog（https://solution.plaid.co.jp/） • どこどこJP ラーニング 　（https://www.docodoco.jp/learn/index.html）
採用サイト （リクルートサイト）	人材の採用	• 株式会社三井住友銀行（https://www.smbc-freshers.com/） • 株式会社講談社（https://recruit.kodansha.co.jp/） • 株式会社kubell（https://www.kubell.com/recruit/）
ポータルサイト	集客	• Yahoo! JAPAN（https://www.yahoo.co.jp/） • Bing(https://www.bing.com/?cc=jp) • goo（https://www.goo.ne.jp/）
ECサイト	売上	• Amazon（https://www.amazon.co.jp/） • ZOZOTOWN（https://zozo.jp/） • ベルメゾン（https://www.bellemaison.jp/）

Web サイトの目的から KGI と KPI を考える

図2　Web サイトの目的ごとの KGI・KPI

Webサイトの目的	KGIの例	KPIの例
認知度を向上させたい	会社案内やホワイトペーパーの資料請求数	• 問い合わせページの閲覧数 • 直帰率
ブランディングしたい	ブランドサイト経由の成約数	• インターネット広告からの訪問数 • 販売サイトへの送客数
認知を拡大し集客したい	新規訪問者数	• SNSシェア数 • 訪問者数
販売を促進し売上を向上させたい	売上	• 1人あたりの平均売上金額 • 購入頻度
人材の採用を増やしたい	エントリー数	• エントリーページの閲覧数 • エントリーフォームの入力数

まとめ

▶ Web サイトには認知拡大やブランディング、購買促進などさまざまな目的が存在する

▶ Web サイトの種類や特徴を把握し、目的を明確化することが大切

▶ Web サイトの目的を明確化することで、Web サイトの運用を効率化できる

3-2

Web サイトにおける UI/UX とは

言葉が似ている **UI（ユーザーインターフェース）** と **UX（ユーザーエクスペリエンス）**。どちらも Web サイトとユーザーに関わる概念です。違いを正しく理解しましょう。

UI と UX の違い

しばしば同じものとして扱われることが多い UI と UX ですが、以下のように異なる概念を指します。

- **UI** ：デザインやフォント、ボタンなどユーザーの目に触れるすべての接点
- **UX**：ユーザーが商品やサービスを通して得られる体験や経験

また、ユーザーが Web サイトの利用を通して感じた「使いやすい」「また使ってみたい」「使いづらい」「どこを押せばいいのかわかりにくい」のような感想も UX に該当します。いくらコンテンツの内容が充実していても、ページ遷移がスムーズに行えなかったり、情報が見つけにくかったりすると、ユーザーの満足度は低下してしまいます。このように、UI は UX の一部であり、切っても切り離せない関係です（図1）。

UX 改善による Web サイトへの影響

近年では、Web サイトが無数にあることから、ユーザーに自社の Web サイトを継続的に閲覧／利用してもらいにくくなっています。そのため、Web サイトを差別化し、「使いやすい」「わかりやすい」「また使ってみたい」といったような好印象をユーザーに持ってもらう必要性が高まっています。こうした背景から UX の改善が重要視されています。UX を改善することで、自社の Web サイトに対してユーザーに良い印象を与えることができ、顧客満足度が向上し、結果的に購入率や Web サイトのリピート率向上、ブランディングにつながります（図2）。また UX に配慮された Web サイトは、本書にて後述する SEO の観点でも加点対象となり、検索順位の向上も見込めます（3-5）。そのため、今運用している Web サイトがユーザーにとって「使いやすい」「わかりやすい」ものになっているかを検証し、継続的に改善していくことがとても重要です。

50

UIとUXの関係性

図1　UIはUXの一部

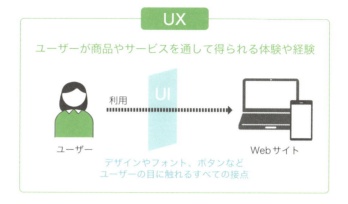

UXの改善による影響

図2　より良いUXを提供することで、リピーターになってもらう

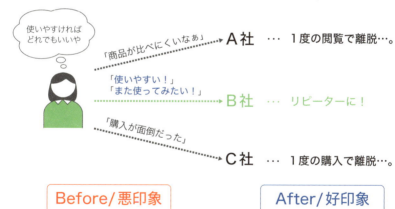

※ 無数に存在するWebサイトの中で、ユーザーに良い印象を持ってもらったWebサイトが継続的に閲覧・利用してもらえる。

まとめ

- UIとUXは異なるものだが、切っても切り離せない関係
- 数多くあるWebサイトの中から閲覧してもらうには、UXの改善が不可欠
- UXを改善することで顧客満足度が向上し、リピーターの増加が期待できる

3-3

Cookie と CMP（同意管理プラットフォーム）による同意管理

Cookie はユーザーのインターネット上の行動履歴などの情報を、ブラウザに保持する仕組みです。また **CMP（同意管理プラットフォーム）** は、ユーザーからデータの収集や利用に関する同意を取得し、管理するためのツールです。

Cookie の利用規制の潮流

Cookie には Web サイトの訪問者を識別する ID やログイン認証、訪問回数などの情報が保存されます。それらの情報を用いることで、Web サイトは自動ログインなどの便利な機能を提供できます。一方で、Cookie を参照することによって、ユーザーのインターネット上の行動履歴を第三者が取得できてしまうケースがあることから、プライバシーの観点で問題視されることがあります（図1）。

最近は Web サイトに訪れた際に、Cookie の利用に関する同意バナーをよく目にするようになりました。インターネット上で収集・利用されるデータの中には、個人情報が含まれることもあるため、ユーザーからデータを収集・利用する際には、同意を得る必要があるケースが増えています。その同意を得る手段として活用されているのが、CMP です。企業はプライバシーに関する法律を遵守することに加え、CMP を通じてデータの収集・利用の同意を得ることで、ユーザーに信頼感を与えたり、企業ポリシーをアピールしたりすることができます。

CMP の 2 つの役割

CMP には、ユーザーの意思を尊重するため、主に 2 つの役割があります。

① Cookie 同意管理バナーを表示し、同意状況を記録・管理する：ユーザーは、自身のデータがどのような目的で、どの企業に収集・利用されているかを把握できるようになります（図2）。

② 同意情報にもとづく各種タグの制御・Cookie の発行：ユーザーからデータ連携の同意が得られたマーケティングツールに関連するタグ※のみを動作させたり、Cookie を発行したりします。同意を得られるまでは、各種タグの動作や連携するマーケティングツールなどからの Cookie の発行を停止する**ゼロクッキーロード**と呼ばれる機能があります。

※タグ：マーケティングツールでデータを収集するためのコード

Cookie の種類

図1 「ファーストパーティ Cookie」と「サードパーティ Cookie」

- ユーザーは、Cookie に保持された行動履歴やログイン情報をもとに、買い物を途中から再開したり、パスワードの入力を省略できる
- Web サイトは、Cookie に保持されたユーザー識別子から、購買履歴や閲覧履歴などを参照し、ユーザーが何に興味を示したかを知ることができる

- 広告主は、Cookie に保持された訪問履歴などから、ユーザーに適した広告表示を行うことができる
- アクセス解析ツールは、Cookie に保持されたユーザー識別子や訪問履歴などを参照し、ユーザーの特徴を分析できる
➡ 第三者の利用が問題視されている

CMP ツール導入例

図2 DataSign 社が提供する日本製の CMP ツール「Webtru」

① プライバシー設定をポップアップで表示し、ユーザーは自身のデータの利用目的や連携先によって、提供するデータを選択して同意することができる

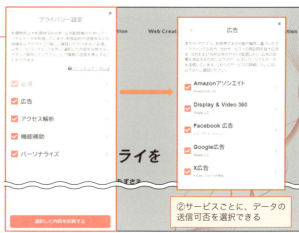

② サービスごとに、データの送信可否を選択できる

自分のデータを制御できて安心！

● webtru（ウェブトゥルー）：https://webtru.io/

まとめ

- ▶ Cookie は、インターネット上の行動履歴などの情報を保持する仕組み
- ▶ CMP は、ユーザーのデータ収集や利用に関する同意を得るためのツール
- ▶ CMP は、個人情報保護やユーザーの信頼獲得の利点があり、注目されている

3 自社のメディアでデジタルマーケティングを開始する

3-4

検索エンジンの役割

検索エンジンは、検索窓と呼ばれるボックスに入力されたキーワードに関連する情報を、公開されている Web サイトから探し、表示するシステムです。検索エンジンは、単に関連する情報を提示するだけでなく、ユーザーが求める情報を「簡単に」「スピーディに」「正確に」提供することが求められています。ユーザーの検索意図に応じた最適な検索結果を返すための仕組みは、日々進化しています。

ユーザーへ最善の検索結果を提示するための 3 つの仕組み

国内シェアの 7 割以上を占める Google の検索エンジンでは、主に 3 つの仕組みで検索結果を決定します（図1）。

①**クローリング**：Google の検索エンジンのシステムである**クローラー**が、Web ページを巡回してコンテンツの内容を認識することです。Google の検索エンジンは、クローラーが Web 上のリンクをたどりながら Web サイトを巡回することで、Web ページの存在を認識します。クローラーに見つけてもらえなければ、検索結果には表示されません。そのため、新しい Web ページはいち早くクローラーに見つけてもらう必要があります。

②**インデックス**：クローラーが収集した情報を、Google のデータベースに登録することです。Web ページが Google にクローリング・インデックスされなければ、どんなキーワードで検索されても表示されません。そのため、クローラーが適切にクローリングしてインデックスできるように配慮しつつ（**3-5**）、ユーザーからも理解されやすい構成でコンテンツ制作を行う必要があります。

③**ランキング**：インデックスされている Web ページの中から、検索されたキーワードと関連性の高い Web ページを選び、検索結果画面における掲載順位をつけることです。上位に表示されるほどユーザーの目にとまるチャンスが生まれます。

コンテンツ制作をする際に大切なこと

検索アルゴリズムを構成する指標は 200 個以上あるとされ、アルゴリズムは日々改善されています（図2）。そのため、何が評価項目なのかを考えながらコンテンツを作成するよりも、何がユーザーにとって役立つ情報かを考え、良質なコンテンツの作成に取り組むことが重要です。

クローリング・インデックス・ランキングの仕組み

図1　検索結果が表示されるまでの流れ

クローリング（情報収集）
クローラーがリンクをたどってページを巡回

インデックス（情報の蓄積）
クローラーが収集した情報をデータベースに整理して登録

ランキング（順位付け）
検索キーワードと関連性の高いページを選び、掲載順位を決定

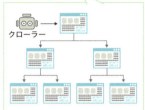
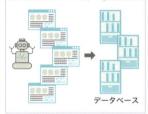

Googleの検索アルゴリズムの理解を深める

図2　Googleの検索アルゴリズムに関連する5つの要素

検索意図の把握	検索されたキーワードと関連性の高いWebページを表示できるように、検索キーワードを分析して、ユーザーの検索意図を把握する。
Webページの関連性	検索キーワードのWebページ上での出現頻度や位置などについて分析し、ユーザーが求める情報と関連性の高いページかどうかを把握する。
コンテンツの品質	コンテンツの専門性、権威性（社会的に認められているか）、信頼性を判定し、ユーザーにとって役に立つコンテンツを優先する。
ユーザビリティ	Webサイト自体がユーザーにとって使いやすいかどうかを判断する。
文脈の考慮	ユーザーの現在地や過去の検索履歴を活用し、検索意図の変化を読み取り、ユーザーによって表示するWebページを調整する。

出典：Google Search：結果を自動的に生成する仕組み
URL：https://www.google.com/intl/ja/search/howsearchworks/how-search-works/ranking-results/

まとめ

▶ 検索エンジンは、ユーザーに情報を「簡単に」「スピーディに」「正確に」提供する
▶ 「クローリング」「インデックス」「ランキング」の3つで検索結果を決定する
▶ ユーザーにとって役立つ情報を考え、良質なコンテンツ作成に努めることが重要

3-5

SEO（検索エンジン最適化）を行う

SEO（検索エンジン最適化）は「Search Engine Optimization」の略称で、Google などの検索エンジンに対して、自社の Web サイトを最適化することです。ユーザーが検索した際に、検索結果の上位に自社の Web サイトを表示させ、訪問者数を増やすための取り組みを SEO 対策と言います。

SEO 対策のポイント

SEO 対策は主に 3 種類あります（図1）。一つ目は自社サイトの内部を整える内部対策です。内部対策が行われていない Web サイトは、クローラーが正しく中身を理解できず、検索結果の下位に表示される可能性が高まります。内部対策の例として、以下などが挙げられます。

- 内部リンクの最適化：関連性の高いページを相互リンクさせることで、ユーザーやクローラーが Web サイトを回遊しやすくなる
- パンくずリストの設定：現在のページがどの階層に位置するかを示すことで、ユーザーやクローラーが Web サイトの構造を理解しやすくなる（図2）
- URL の正規化：自社サイトの中に同じ内容のページが複数存在する場合に、検索エンジンに評価してもらいたい URL を指定する。これにより、重複コンテンツによるマイナスの評価を回避する
- 画像のファイル名と alt テキスト（画像の内容を説明する代替テキスト）の最適化：画像のファイル名と alt テキストを検索される頻度の高いキーワードで設定すると、画像検索時の上位に表示されやすくなる

このように Web サイトの構造や HTML※のタグの最適化を図ることで、クローラーによるページの見つけやすさ・コンテンツの理解しやすさが改善し、検索エンジンにインデックスされやすくなります。

二つ目の対策は、自社サイトの外部からの評価を高める外部対策です。Google はページ間のリンク（被リンク）を「投票」と解釈し、どの Web サイトが良い情報源として他の Web サイトから「投票」されているかを分析しています。外部対策として被リンク数を増やすことも重要です。三つ目の対策は、ユーザーにとって有意義な記事を作成して公開するコンテンツ SEO です（3-6）。内部対策や外部対策とは毛色が異なりますが、ユーザーが求める情報を発信することも重要なポイントです。

56　※ HTML：Web ページの作成に用いられるマークアップ言語

SEO対策の種類

図1 「内部対策」「外部対策」「コンテンツSEO」

- サイト構造の改善
- HTMLタグの最適化
- スマートフォンなどのモバイル対応
- XMLサイトマップ※の作成

※Webサイトの構造が記された XML形式のファイルのこと。

- 被リンクの獲得
- サイテーション※の獲得

※自社名やサービス名が他サイトに掲載されること。

- 記事系コンテンツの作成

内部対策の一例

図2 パンくずリストの設定

現在のページがどの階層に位置するかを示すことで、ユーザーやクローラーがWebサイトの構造を理解しやすくなる

まとめ

▶ SEO対策を行うと、検索結果の上位に表示されやすくなる
▶ SEO対策のポイントは「内部対策」「外部対策」「コンテンツSEO」
▶ 内部対策として、Webサイトの構造やHTMLのタグの最適化を図る

3-6
コンテンツ SEO と Web ライティング

コンテンツ SEO は、ユーザーにとって有意義な記事を作成／公開することで、検索エンジンの検索結果で自社サイトを上位に表示させ、集客につなげる SEO の対策手法です。**Web ライティング**は、コンテンツ SEO の一部として Web で公開する記事を書くことです。SEO のポイントを押さえ、上質な記事に仕上げましょう。

ポイント① ページタイトルとディスクリプション

HTML の <title> タグで設定する**ページタイトル**と、「meta description」で設定する**ディスクリプション（説明文）**は、検索結果画面に表示されるため、ユーザーがWeb サイトをクリックするかどうかという点に直接的に関わります（**図1**）。そのため、ユーザーが検索しそう／興味がありそうなキーワードを入れることが重要です。ページタイトルは、ユーザーがパッと見てわかる端的なタイトルを付けましょう。32 文字以下に収めることが理想です。33 文字以上のタイトルの場合、検索エンジンやデバイスによっては「…」で省略されてしまうためです。

ポイント② リード文

リード文は、ユーザーがそのコンテンツを読むかどうかを決める、最も重要な部分です。ユーザーに離脱させないポイントは、コンテンツを的確に要約することと、読み終えたときにユーザーが得られる事柄を明記することです。記事の冒頭でゴールを明確にすることで、ユーザーがコンテンツを読むモチベーションが高まり、記事を読む前の離脱が少なくなります。

ポイント③ 見出し

見出しは、HTML では <h1> ～ <h6> までの 6 種類の見出しタグを使用して設定します。1 ページ内で使用する <h1> タグの数は必要最低限とし、<h1> ～ <h6> を使用する順番をできるかぎり守るようにしてください。順番を守らない場合、クローラーに記事のテーマや階層が伝わりにくくなり、SEO 的にマイナスの評価を受ける恐れがあります。

ページタイトルとディスクリプション

図1 それぞれ HTML タグで設定した文言が検索結果画面に表示される

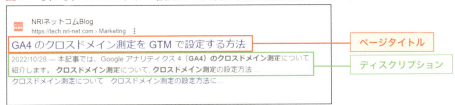

※ ただし、HTML タグで設定した文言と異なる文言が検索画面に表示される可能性もあります。これは「ページの内容を説明するためにはページ上の他の情報がより適切である」と、検索エンジンがユーザーの検索キーワードによって判断することがあるためです。

リード文と見出し

図2 適切なリード文と見出しで、ユーザーにもクローラーにもわかりやすくする

まとめ

- ▶ コンテンツ SEO は、有意義な記事を作成して集客につなげる SEO の手法
- ▶ ページタイトルとディスクリプションは、検索結果画面に表示される
- ▶ 適切な HTML タグを使用せずに記事を作成すると、SEO で不利になる

3-7
Google Search Console を利用する

Google Search Console は、Google 検索における自社サイトの掲載状況をレポーティングして問題を検出し、改善に役立つ情報を提示する無料のツールです。

Google 検索における自社サイトの掲載状況を確認する

Google Search Console の機能のひとつである「検索パフォーマンス」レポートでは、Google 検索で検索が行われた際の自社サイトのパフォーマンスを確認できます（図1）。それらの情報から、どのコンテンツが人気か、ユーザーがどのキーワードで検索してコンテンツを見つけているかを分析することで、よりユーザーを集めるコンテンツを制作できます。ユーザーがどのようなキーワードで検索してWeb サイトへ流入したかというデータは、Web サイトのアクセスログを解析するようなツールではほぼ取得できません。そのため、この機能は Google Search Console の最大の強みと言えます。

「URL 検査」レポートでは、自社サイトの特定ページ（URL）が Google 検索にインデックスされているかの確認、インデックス登録のリクエストなどができます（図2）。Web サイトが Google 検索の検索結果画面に掲載されるには、Google のクローラーが Web サイトを訪れて、Web ページをインデックスする必要があります。インデックスされていない場合は、どこに問題があるのか確認できます。例えば、リダイレクトの発生によりインデックスされていないページがあると、「ページにリダイレクトがあります」とメッセージが表示されます。このように、SEO 面でページが抱えている問題を把握できることが特徴です。また、検査したページが、スマートフォンなどのモバイルデバイスでも閲覧しやすい「モバイルフレンドリー」な状態か、Web ブラウザと Web サーバー間の通信が安全かも確認できます。

Web サイトの問題点を把握する

「セキュリティと手動による対策」レポートでは、不正に改ざんされたコンテンツ、マルウェアなどの不正な動作や予期しない動作をするソフトウェア、訪問者をだまして危険な行為に誘導するコンテンツなど、自社サイトにセキュリティの問題やGoogle のガイドラインに違反するコンテンツがないかを検知できます。ガイドラインに違反した場合、検索順位が下がるなどのペナルティが課せられる恐れがあります。万が一問題が検知されたら、迅速に修正して再審査リクエストを送りましょう。

Google Search Console のレポート画面を確認する

図1 「検索パフォーマンス」レポート

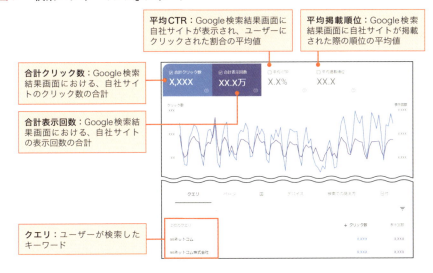

- 平均CTR：Google 検索結果画面に自社サイトが表示され、ユーザーにクリックされた割合の平均値
- 平均掲載順位：Google 検索結果画面に自社サイトが掲載された際の順位の平均値
- 合計クリック数：Google 検索結果画面における、自社サイトのクリック数の合計
- 合計表示回数：Google 検索結果画面における、自社サイトの表示回数の合計
- クエリ：ユーザーが検索したキーワード

特定ページ(URL)の状況を確認する

図2 「URL 検査」レポート

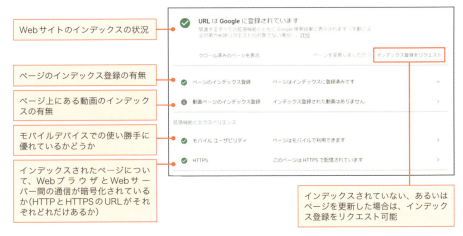

- Web サイトのインデックスの状況
- ページのインデックス登録の有無
- ページ上にある動画のインデックスの有無
- モバイルデバイスでの使い勝手に優れているかどうか
- インデックスされたページについて、Web ブラウザと Web サーバー間の通信が暗号化されているか(HTTP と HTTPS の URL がそれぞれどれだけあるか)
- インデックスされていない、あるいはページを更新した場合は、インデックス登録をリクエスト可能

まとめ

- ▶ Google Search Console は、Google 検索の分析ツール
- ▶ 検索結果における自社サイトの掲載順位・表示回数などの状況を監視できる
- ▶ 自社サイトが抱えている SEO での課題やセキュリティの問題を把握できる

3-8

「MA」「SFA」「CRM」で 見込み顧客を育成する

　収集できるデータの量が膨大になるにつれて、顧客データの管理・活用が難しくなってきています。そうした状況に対し、顧客情報や営業状況の一元管理や活用を自動化するさまざまなマーケティング支援ツールが提供されています。

マーケティング支援ツールで見込み顧客を獲得する

　自社のサービスに興味を持つ見込み顧客を獲得するためには、適切な情報管理とニーズにあわせたマーケティング施策が必要です。**マーケティングオートメーション(MA)**は、そういった活動の自動化・効率化を目的としたマーケティング支援ツールです(図1)。ユーザーの属性や閲覧したページなどの情報をもとにサービスに興味のあるユーザーをスコアリングし、見込み度合いに応じて異なるアプローチ(メール配信・プッシュ通知など)を実現します。例えば「メルマガ開封率の高い顧客に、特別なキャンペーン情報を配信する」などの施策が可能です。

マーケティング支援ツールで営業状況や顧客との関係を管理する

　見込み顧客を獲得し、最終的にコンバージョン(購入や契約)につなげるためには、顧客情報や商談内容の管理が必要です。マーケティングにおいては、顧客にあわせてプロモーションの内容を変更する必要があるため、情報の一元管理が求められます。効率的な管理を実現するための支援ツールとして**セールス・フォース・オートメーション(SFA)**と**カスタマー・リレーションシップ・マネジメント(CRM)**があります(図1)。SFAは案件、CRMは顧客を軸にデータを管理します。SFAは営業活動の最適化を目的とし、営業活動の成果をデータベースに集約・分析し、営業の効率化を支援します。例えば、複数の営業担当者のデータから営業の課題や改善点を分析したり、購買意向の強い顧客の情報をすぐに社内連携したりできます。また、CRMは顧客との継続的で良好な関係構築を目的とし、顧客の情報や購買・商談履歴を管理し、顧客に合わせたコミュニケーションを支援します。例えば、過去の問い合わせから、サービスに満足していないユーザーを発見し、離脱を防ぐ施策を行うことができます。代表的なツールに「HubSpot」などがあります(図2)。以上のようなマーケティング支援ツールを利用することで、顧客分析やプロモーションを効率化できるだけでなく、顧客に不適切なプロモーションを実施するなどの失注や解約のリスクを削減できます。

マーケティング支援ツールで顧客情報を管理する

図1　マーケティング支援ツール「MA」「SFA」「CRM」の概要

※「Salesforce」などのツールは、SFAとCRMの両方の機能を備え、CRMで収集・分析した顧客情報をすばやくSFAに連携し、現在進めている案件情報に反映できます。

マーケティング支援ツール「HubSpot」の画面

図2　顧客情報の管理やメール配信状況の確認が可能

> **まとめ**
> - MAは、見込み顧客の発見やメール配信などの自動化を支援するツール
> - SFAは、営業活動を軸に顧客情報や商談状況の管理を支援するツール
> - CRMは、顧客情報の管理・分析・問い合わせ対応などを支援するツール

3　自社のメディアでデジタルマーケティングを開始する

3-9

Web 接客とチャットボットで
ユーザーをおもてなしする

Web 接客とは、実店舗での接客と同様に、顧客からの疑問に答えたり、商品購入を後押ししたり、ユーザー一人ひとりに合わせたおもてなしを行うことです。

Web サイト上での顧客体験を高める

Web 接客には、ユーザーの満足度向上や売上拡大など、Web サイトの目的達成に貢献する役割があります。また、ユーザーへ適切なタイミングで適切な情報を届けることで、Web サイトでユーザーが商品・サービスに興味を持ち、購入して利用するまでの一連の体験である**顧客体験価値(CX)**の向上に寄与します。Web サイト上では実店舗のように店員が直接接客できませんが、オンラインならではの体験を提供することが可能です。例えば、ユーザーにあわせて最適な情報を届けるポップアップが表示されたり、チャットで質問や相談ができたりといったような体験を実現する、**Web 接客ツール**を導入する Web サイトが増えています(図1)。

チャットボットは、ユーザーがチャット形式で送信した質問の内容に応じて、最適な返答を自動で行うツールです。ユーザーはその場で疑問を解消できるため、Web サイトにアクセスした際の**顧客体験(UX)**向上の効果が期待できます。チャットボットには「シナリオ型」と「AI 型」の 2 種類があります(図2)。Web サイトの顧客体験(UX)を向上させるには、「オンラインだからこそ提供できる、価値のある体験は何か」を、Web サイトの目的に沿って考えることが大切です。

LPO (ランディングページ最適化) を行う

LPO(ランディングページ最適化)とは、ユーザーが Google 検索などの検索結果画面や、インターネット広告から最初にたどり着く**ランディングページ**を改善することです。ランディングページですぐにユーザーが離脱してしまうと、Web サイトの目的は達成されません。ランディングページを改善して Web サイトを回遊させることで、商品購入や新規会員登録などの Web サイトの目的の達成につなげられます。LPO の例として、ランディングページに Web 接客を導入し、ユーザーに最適な情報を提供することで、次のアクションを行うページに誘導する施策があります。なお、インターネット広告の運用において、ランディングページの質は広告の効果に直結します。広告の費用対効果を高めるためにも、LPO は重要です。

64

Web接客の種類

図1　ポップアップ型とチャット型の特徴

ポップアップ型

ユーザーにとって有益な情報が書かれたポップアップを適切なタイミングで提示する接客方法

▼主な特徴
- ✓ ページコンテンツと分けて表示されるため視認性が高い
- ✓ 一人ひとりの属性や行動履歴に合わせてユーザーに届ける情報を変えることができる
- ✓ 「カートに商品が入ったまま離脱しようとするユーザーに購入の後押しをする」など、実店舗のようにタイミングを見計らって「声かけ」を表現できる

チャット型

ユーザーと人もしくはチャットボットを通じてチャット形式で対話する接客方法

▼主な特徴
- ✓ ユーザーと相互にコミュニケーションがとれるため、ユーザーのニーズを把握し、適切な提案ができる
- ✓ ユーザーの疑問を把握し、その場で解決策を提示することで、ユーザーのストレスを軽減できる
- ✓ チャットを利用して人やボットがユーザーの問い合わせに柔軟に対応できる

チャットボットの種類

図2　シナリオ型とAI型の特徴

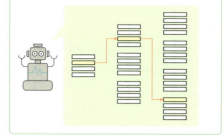

シナリオ型

あらかじめ選択肢をいくつか用意しておき、ユーザーの選択に合わせて決まった回答を返す

よくある質問に自動で回答したい場合に向いている

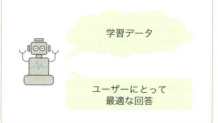

AI型

人工知能(AI)が事前に提供されたデータや過去のチャットデータから学習し、幅広い質問に最適な回答を返す

シナリオ型よりも複雑な質問に対応できる一方、データが蓄積されて精度が高まるまで時間がかかる欠点もある

まとめ

- ▶ Web接客でユーザーをおもてなしすることで、Webサイトの目的達成に貢献する
- ▶ チャットボットでユーザーの疑問を解決し、顧客体験を向上する
- ▶ LPOでランディングページの離脱率を減らし、回遊を促す

3-10

モバイルアプリの種類と目的

　モバイルアプリを活用したマーケティングを行う際は、アプリごとの機能や目的を理解しておくことが大切です。モバイルアプリと Web サイトの違いもあわせて確認しましょう（図1）。

モバイルアプリの種類

　企業が運営するモバイルアプリにはさまざまな種類があり、異なる機能を持っています。また、それぞれの機能に即した目的があります（図2）。

- **公式アプリ**：サービスに関する情報発信や、店舗で利用できる会員カードの表示、クーポンの配布などができるアプリ。主な目的は、実店舗への集客、販売促進、顧客維持
- **予約・注文アプリ**：飲食店などの実店舗の予約、商品の注文、実店舗での受け取りができるアプリ。主な目的は、実店舗への集客、売上の向上、顧客維持
- **EC アプリ**：モバイルアプリ上で商品やサービスを販売するアプリ。「Amazonアプリ」などさまざまなブランドの商品が購入できるものと、「UNIQLO アプリ」など特定のブランド専用のものがある。主な目的は、販売促進や売上の向上
- **ゲームアプリ**：ゲーム機能を提供するアプリ。主な目的は、ゲームそのものやゲーム内のアイテムの販売
- **コミュニケーション系・コンテンツ閲覧系アプリ**：チャットや SNS でコミュニケーションをとったり、記事・画像・動画・音楽などのコンテンツを利用したりできるアプリ。主な目的は、広告枠や有料コンテンツの販売

モバイルアプリの目的と効果

　モバイルアプリの導入は、集客や顧客維持、商品やサービスの購買促進・売上の向上などに効果的です。アプリを閲覧するスマートフォンは幅広い年代が日常的に利用するため、幅広い顧客との接点を創出する機会が多くあります。ダウンロードしてもらえれば、適切なタイミングで情報を発信でき、集客に大きな効果を発揮します。例えば、通学や通勤のタイミングを狙って新商品の情報を発信したり、リアルタイムでタイムセールを告知したりすれば、アプリや実店舗へユーザーを誘導できます（3-11）。また、Web サイトと比べて顧客とコミュニケーションがとりやすく、特に顧客維持や販売促進が期待できます。

モバイルアプリと Web サイトの違いを理解する

図1　それぞれのメリット・デメリット

	モバイルアプリ	Webサイト
メリット	• アイコンとしてホーム画面に表示されるため、目につきやすくアクセスしやすい。 • 通知機能を用いることで、適切なタイミングやリアルタイムで情報提供が可能。また、ユーザーと定期的に接点を持つことができるので、ユーザーに行動を促したり、継続的な関係を築いたりしたい場合に効果的。 • 表示速度や操作性に優れている。	• ダウンロードが不要なため、アクセスに手間がかからず、ユーザーに訪問されやすい。 • 検索結果で上位に掲載されれば、見込み顧客に訪問されるチャンスがある。 • お気に入りの記事や商品・サービスのページをURLで共有しやすく、SNSなどで周囲に紹介されやすい。
デメリット	• ダウンロードが必須で、ダウンロードのハードルが高い。 • アプリ内で提供できる情報に限りがある。 • 最新情報を反映するのに時間がかかる。	• サーバーや回線によって表示速度に差が出る。 • 通知機能が弱いため、会員登録を行っていないユーザーへ企業側からコミュニケーションを取りづらい。 • ブラウザを閉じれば画面上から消えるため、リピーターの獲得が難しい。

※ モバイルアプリは、すでにブランドやサービスを知っているユーザーの維持、Web サイトは、まだブランドやサービスを知らない新規ユーザーの獲得に向いています。

モバイルアプリの目的から KGI と KPI を考える

図2　モバイルアプリの種類ごとの目的・KGI・KPI

モバイルアプリの種類	モバイルアプリの例	主な目的	KGIの例	KPIの例
公式アプリ	• セブン-イレブンアプリ • すかいらーくアプリ • トモズ公式アプリ	• 実店舗への集客 • 販売促進 • 顧客維持	アプリ継続率を上げる	• クーポン利用率 • 通知やメッセージの開封率
予約・注文アプリ	• スシローアプリ • Starbucksアプリ • Uber Eatsアプリ	• 実店舗への集客 • 売上の向上 • 顧客維持	月間の利用者数を増やす	• アプリの利用頻度 • 月間の利用者数
ECアプリ	• Amazonアプリ • ZOZOTOWNアプリ • UNIQLOアプリ	• 販売促進 • 売上の向上	アプリでの売上を向上させる	• 1人当たりの平均売上金額 • 購入頻度
ゲームアプリ	• パズル&ドラゴンズ • Pokémon Sleep • モンスターストライク	• ゲームそのものやゲーム内のアイテムの販売	総課金額を上げる	• ログインユーザー数 • 平均課金単価
コミュニケーション系アプリ コンテンツ閲覧系アプリ	• LINE • X(旧：Twitter) • YouTube	• 広告枠や有料コンテンツの販売	利用者数を増やす	• インストール数 • 1日の利用者数

まとめ

► モバイルアプリは Web サイトと比べ、既存顧客の維持に向いている

► 通知機能などのアプリ特有の機能が、アプリや実店舗への集客に効果的

► アプリでは顧客とのコミュニケーションがとりやすく、顧客維持や販売促進を期待できる

3

自社のメディアでデジタルマーケティングを開始する

3-11
プッシュ通知で
ユーザーにメッセージを送る

プッシュ通知はアプリをダウンロードした端末へ、メッセージを送信する機能です。アプリを開かなくてもメッセージが表示されるという特徴があります(図1)。

アプリの継続率向上

アプリを活用したビジネスにおいて、ユーザーの利用継続率は重要です。なぜなら、ユーザーはアプリに満足しなければアプリを削除するので、継続率にはユーザーのアプリへの満足度が表れるためです。一方で、インストールしてから1カ月後の継続率は10%にも満たないと言われており、ユーザーの維持は容易ではありません。アプリの継続率を高める施策の一つに「プッシュ通知」があります。プッシュ通知はユーザーが素早く簡単に情報を閲覧できるので、通知した内容を見てもらいやすいというメリットがあります。また、表示されたメッセージをタップするとアプリを起動できるため、例えばカートに残っている商品の購入など、メッセージ内容の行動をユーザーに促すことができます。しばらくアプリを使っていない休眠ユーザーには、リマインド機能としての使用もできます。プッシュ通知を定期的に行えばユーザーにアプリを思い出してもらうことができるため、継続率が上がる傾向があります。ただし、ユーザーが関心のない通知を送ったり、短期間に何度も通知を送ったりすると、ユーザーに不快感を与える恐れがあります。プッシュ通知が原因でアプリをアンインストールされないよう注意しましょう(図2)。

リアルタイム性

プッシュ通知には、リアルタイムに情報を提供できる強みもあります。タイムセールやキャンペーン、イベント開始や新機能の追加などをリアルタイムに通知することで、ユーザーにアプリの起動を促せます。現実のユーザーの行動やイベントとの連動もできるので、オンラインからオフライン(実店舗、イベント会場など)へ誘導するマーケティングの手法O2O(Online to Offline)にも活用できます。バーガーキングのアプリでは、プッシュ通知と位置情報サービスをオンにしているユーザーに、競合のマクドナルドの店舗に近づくとクーポンを配布するキャンペーンを実施しました。このキャンペーンは、アプリの新規ユーザーを320万人獲得、月間のユーザー数53%増、利益率37倍と大きな成果をもたらしました[※]。

プッシュ通知を活用する

図1 プッシュ通知のメリット

メリット1 メールアドレスの登録が不要
アプリがインストールされているだけで、メッセージを送信可能

メリット2 メッセージの確認から次の行動までの難易度が低い
画面に表示される短いメッセージを読み、メッセージをタップするだけでアプリを起動できる

メリット3 リアルタイムに情報発信できる
キャンペーンや新機能追加などのお知らせをリアルタイムにユーザーに届けることができる

開封率を高めるプッシュ通知

図2 プッシュ通知を最適化するポイント

ポイント①: タイミング

むやみに通知せず、以下を意識して通知しましょう。

・**頻度**：不快に思われない頻度で、継続的にメッセージを送信する
・**時間帯**：通勤・通学、お昼休み、退社後・下校後など、ユーザーが自然とスマートフォンを見る時間帯に通知を送る

ポイント②: ユーザーが求める情報を提供

ユーザーがメリットを感じればプッシュ通知を開いてもらえる可能性が高まります。逆にユーザーが不要な情報ばかりを送ってしまうと、プッシュ通知をオフにされてしまう可能性があります。以下のようなユーザーにとってメリットや関心がある情報、ユーザーの行動に関連する情報、緊急性の高い情報など、ユーザーの求める情報を通知しましょう。

・クーポンの情報　　・カートに入れた商品の購入のリマインド　　・イベント開始の情報

ポイント③: 開いてもらえるメッセージ作り

スマートフォンの普及によりコンテンツがあふれ、ユーザーは情報を確認するかどうかを一瞬で判断するようになっています。そのため、パッと目に留まり、一瞬で内容が理解しやすいメッセージの作成が開封率を上げるために重要です。メッセージの制作は、以下を意識しましょう。

・絵文字や記号を使用する　　・ユーザーの目を引くキーワードを使用する　　・文字量を少なく、簡潔にする

※本文出典：Braze 株式会社「バーガーキングが Braze を活用して、月間アクティブユーザー数（MAU）を 50％強増加」
　URL：https://www.braze.co.jp/customers/burger-king

まとめ

▶ アプリの継続率は、ユーザーのアプリに対する満足度を表す
▶ プッシュ通知はユーザーが簡単に情報を閲覧できるので、見てもらいやすい
▶ プッシュ通知はリアルタイム性を持つため、O2O にも活用できる

3-12

自社のメディアでマネタイズする

　ホームページやブログ、Web マガジンなどの自社のメディア（オウンドメディア）を収益化するには、間接的な方法と直接的な方法があります。

間接的なマネタイズ

　オウンドメディアにおける間接的なマネタイズとは、事業に貢献して売上につなげることです。商品・サービスを購入してもらう、問い合わせの獲得、資料請求や問い合わせフォームからリード（見込み客）の情報を得る、既存顧客からの引き合いを増やす、企業や商品・サービスの認知度を向上させるなど、事業に貢献することで間接的に収益を高めます（図1）。例えば、資料請求や問い合わせからリードを獲得し、そのリードが成約すると収益が発生します。また、オウンドメディアを通して自社の知名度が高まると、商品・サービスを購入してもらえるチャンスが増えるので、収益の向上が期待できます。このように、自社メディアの間接的なマネタイズには、集客、顧客育成、販売の一連の流れが重要です。

直接的なマネタイズ

　オウンドメディアにおける直接的なマネタイズとは、第三者の広告を掲載して、広告収益を得ることです。掲載する広告は、以下のような種類があります（図2）。

- **クリック報酬型広告**：Google AdSense という広告配信サービスから配信される広告を掲載すると、当該広告がクリックされるたびに収益が発生する
- アフィリエイト広告（成果報酬型広告）：広告を経由して商品やサービスが購入されると収益が発生する
- 記事広告（タイアップ広告）：企業や商材を紹介する記事コンテンツを作成し、作成費・掲載料を得る
- 純広告：オウンドメディア内に広告枠を設けて販売し、収益を得る

　ただし、広告を増やしすぎたり、印象の悪い広告を掲載したりすると、自社のイメージが下がる恐れがあります。業界や自社メディアの運用目的によっては、広告掲載がブランドイメージに悪影響を与えることがあるため、注意してください。

オウンドメディアの間接的なマネタイズ

図1　ユーザーの行動の例

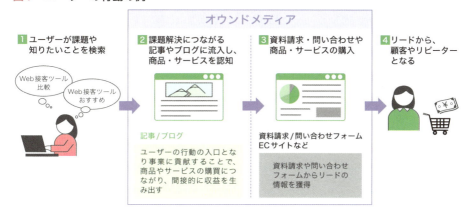

オウンドメディアによる直接的なマネタイズ

図2　広告の種類と収益の発生方法

Google AdSense

クリックされると報酬が入る

アフィリエイト広告

クリックから商品やサービスが購入されると報酬が入る

記事広告

PR記事を作成・掲載し、作成費や掲載料を得る

純広告

掲載枠を販売し収益を得る

広告収益を最大化するツールSSP（Supply Side Platform）を導入すると、最も収益率の高い広告を選択して自動で配信できます。

まとめ

- ▶ 事業貢献をして売上につなげることで、間接的なマネタイズが可能
- ▶ 広告を掲載し広告収益を得ることで、直接的なマネタイズが可能
- ▶ ブランドイメージに悪影響を与えないよう、広告掲載は慎重に検討する

3　自社のメディアでデジタルマーケティングを開始する

Column

ブラックハット SEO とホワイトハット SEO

■ リスクを伴う「ブラックハット SEO」

　ブラックハット SEO とは、質の低いコンテンツの検索順位を不正な方法によって、本来の順位よりもつり上げる SEO 対策の手法です。Google などの検索エンジンは、基本的に品質の良いページを上位に表示しようとしますが、検索エンジンの検索順位を決めるアルゴリズムの隙を突くテクニックを駆使し、検索順位をつり上げます。代表的なブラックハット SEO のテクニックは、被リンクの大量設置です。大量のリンクをつけて人気があるページであるかのように見せかけ、検索順位をつり上げようとします。ブラックハット SEO は検索エンジンの隙を狙う施策なので、検索エンジンのガイドライン違反となるものがほとんどです。Google 検索では定期的にクローラーが巡回しており、==ガイドラインへの違反行為が見つかると、検索結果画面からの削除や検索順位の低下などのペナルティが課せられます==。

■ ユーザーと検索エンジンの評価向上に導く「ホワイトハット SEO」

　ホワイトハット SEO とは、検索エンジンのルールに従い、推奨される方法でユーザーが満足するコンテンツの作成に取り組むことによって、上位表示を狙う SEO 対策の手法です。検索エンジンの取り締まりが強化されたことでブラックハット SEO は衰退していき、正攻法の SEO 対策がホワイトハット SEO と呼ばれるようになりました。検索エンジン最大手の Google はユーザーファーストを提唱しており、Google のガイドラインを遵守してコンテンツを作れば、自然とユーザーの満足度も高くなります。==ガイドラインを遵守したコンテンツ作りにより、ユーザーだけでなく検索エンジンにも高評価してもらいやすくなり、効率よく上位表示を目指せます==。このように、ホワイトハット SEO を実践するためには、Google が推奨するルールに従うことが第一です。下記のガイドラインをよく確認して、コンテンツを作りましょう。

- 検索エンジン最適化（SEO）スターターガイド：
  https://developers.google.com/search/docs/fundamentals/seo-starter-guide?hl=ja

- Google 検索の基本事項：
  https://developers.google.com/search/docs/essentials?hl=ja

Webサイトやモバイルアプリに表示されるインターネット広告には、さまざまな種類があります。本章では、インターネット広告の種類と運用について解説します。

インターネット広告で
ユーザーに宣伝する

Chapter 4

純広告と運用型広告の違い

　インターネット広告には大きく分けて**純広告**と**運用型広告**の2種類があります。それぞれの特徴やメリット・デメリットを理解し、施策に適した広告を出稿しましょう。

純広告の特徴

　純広告はメディアの特定の枠を購入し、==一定期間掲載する広告です==。事前に予約購入して配信するため、**予約型広告**とも言われています。純広告の掲載場所のひとつとして、Yahoo! JAPANトップページの右側の広告枠があります（図1）。不特定多数のユーザーが閲覧する場所のため、商品やサービスの認知拡大やブランディングを目的とした施策に適しています。純広告のメリットは、優先的に広告を掲載する機会を確保できることです。後述する運用型広告では、==競合他社の状況や、バナー・動画などのクリエイティブ（制作物）によっては広告を掲載できない場合がありますが、純広告では広告が掲載されないことはありません==。また、掲載期間や掲載場所、情報到達数も決まっており、特別な運用が不要なため運用コスト（手間）がかからないというメリットもあります。一方で、運用型広告と比べて広告出稿費が高くなる傾向があるため、十分な予算が確保できない場合は不向きです。また、出稿後にクリエイティブが変更できないなど、細かな運用コントロールができない点も注意が必要です。広告出稿期間を短くするか、あらかじめ運用型広告で成果の良いクリエイティブを見定めた上で、配信することをおすすめします。

運用型広告の特徴

　運用型広告は純広告と異なり、==掲載枠が固定されていない広告です==（図2）。運用型広告はオークション形式で配信されるため、競合他社の出稿状況や広告の品質、遷移先Webサイトの品質によって、配信量や単価が変動します。また、予算や掲載場所、配信期間や配信頻度、ターゲティングなどの内容をリアルタイムで変更可能です。そのため、「このクリエイティブは成果が低いため出稿を停止しよう」「想定より成果が良いため、予算を増額して配信期間も1カ月延ばそう」などのように、柔軟に広告を配信できます。一方で、純広告とは異なり、運用次第ではまったく広告が出稿されないこともあります。そのため、効率良く広告配信を行うには、広告に関する知識と運用コスト（手間）が必要です。

純広告の掲載場所の例

図1 Yahoo! JAPANトップページの右側の広告枠

※ LINEヤフー株式会社より提供

運用型広告の掲載場所の例

図2 Yahoo!ニュースの広告枠

※ LINEヤフー株式会社より提供

> **まとめ**
> - 純広告は、掲載場所の観点からも、商品やサービスの認知拡大に適している
> - 運用型広告は、低予算から出稿可能だが、知識と運用コストが必要
> - その時々の施策に適した広告を選択して配信することが大切

4-2

運用型広告の配信の流れ

　運用型広告はただ配信するだけでは目標を達成することは難しいため、正しい配信の流れを知ることが不可欠です。運用型広告の大まかな流れを説明します（図1）。

①KGI・KPI の策定

　広告配信で解決したい課題は企業や案件によって異なります。KGI・KPI によって適したターゲットや広告文、クリエイティブなどが変わるため、広告を配信する前に必ず認識をすり合わせましょう。

②広告文・クリエイティブの作成

　広告文はなるべく簡潔かつキャッチーに、他社と差別化した内容にしましょう。クリエイティブを作成する際には、必ず入稿（設定）できるクリエイティブのサイズを確認しましょう（図2）。出稿媒体によって入稿可能なサイズが異なるため、「作成したが配信できない」ということが起きる可能性があります。媒体ごとに入稿可能なサイズは複数ありますが、「このサイズは掲載面が多い」「このサイズは掲載面が少ない」など、サイズによる掲載面（掲載場所）の数に違いがあります。そのため、全てのサイズを作成するのではなく、掲載面が多いサイズを優先して作成することで、効率的に広告を出稿できます。

③入稿・運用

　作成した広告文やクリエイティブを出稿媒体に入稿します。この際、複数種類の広告文やクリエイティブの入稿をおすすめします。1種類で運用する場合、その広告文やクリエイティブのどの要素で成果が良かった（悪かった）のかの分析が難しくなります。複数入稿することで、成果の良い「勝ちクリエイティブ」を見つけ出し、成果の悪いクリエイティブの出稿を停止できるため、より効率的に運用を行えます。

④配信結果の分析

　配信が終わったら必ず分析を行いましょう。分析により「継続した方が良い点」「改善すべき点」を抽出し、成果が高い配信を行うための知見を得ることができます。

運用型広告の配信の4STEP

図1 目標の策定から分析までを繰り返し、継続すべき点・改善点を抽出する

媒体ごとに入稿可能なクリエイティブのサイズ

図2 媒体が公開しているクリエイティブのサイズ一覧（例：Yahoo!広告）

出典：LINEヤフー for Business「ディスプレイ広告やSNS広告のバナーサイズ　作成すべき優先順位とポイントを解説」
URL：https://www.lycbiz.com/jp/column/displayads-auc/technique/bannersize/

まとめ

- 広告配信の前にKGI・KPIの認識のすり合わせを行う
- クリエイティブを作成する際には、必ず入稿可能なサイズを確認する
- 広告配信後は必ず分析を行い、パフォーマンスの高い配信を行うための知見を得る

4-3
検索連動型広告
（リスティング広告）とは

検索連動型広告（リスティング広告） は、日々インターネットで調べものをするときにほぼ必ず目にする広告のひとつです。

検索連動型広告（リスティング広告）の特徴

検索連動型広告とは、GoogleやYahoo! JAPANなどの検索エンジンの検索結果に、検索ワードと連動して表示されるテキスト形式の広告です（図1）。広告がクリックされたタイミングで課金が発生する **クリック課金制（CPC 課金制）** のため、広告が表示されただけでは料金はかかりません。広告枠は検索結果画面上部などに数枠用意されており、掲載順位は「広告ランク」によって決まります（図2）。

検索連動型広告（リスティング広告）のメリット

検索連動型広告は、商品やサービスに興味・関心を持つ顕在層へアプローチできるため、費用対効果が高いことが特徴です。また、運用型広告のため数千円～数万円といった少額の予算から出稿可能で、広告の効果をリアルタイムで確認・調整できます。検索連動型広告を出稿しなくても、適切な SEO 対策を行えば、自社のWeb サイトを検索結果画面の上部に表示させることは可能ですが、検索連動型広告は検索結果画面の最上部などの目立つ場所に表示されるため、ユーザーの目により触れやすく、多くの流入を見込めます。

検索連動型広告（リスティング広告）のデメリット

検索エンジンの検索結果に表示される仕様上、ユーザーがキーワードに興味を持って検索しない限り、検索連動型広告は表示されません。また、基本的にはテキストでの訴求のため、商品やサービスの認知にはつなげにくいです。ただし、広告プラットフォームによっては、検索連動型広告に画像を掲載できる **広告表示オプション** があり、検索連動型広告でありながらビジュアルを用いた訴求も可能です。なお、検索連動型広告は「指定のキーワードを検索したユーザーに広告を表示させる」仕組みのため、同じキーワードで広告を出稿する競合他社がいた場合、広告単価は上がります。この場合、予算が多い企業に分があるため、少額で広告を出稿する設定を行っても、思うように広告が配信されないことも起こりえます。

検索連動型広告（リスティング広告）の掲載イメージ

図1　検索連動型広告は、検索結果画面の上部などに表示される

広告掲載順位に関わる「広告ランク」

図2　広告ランクの求め方

広告ランク＝
入札単価（CPC）× 品質スコア※

※ 品質スコアとは、「出稿している広告のキーワードとランディングページの関連性」「推定クリック率」「ランディングページの利便性」などによって算出されるスコア

まとめ
- ▶ 検索連動型広告は、検索エンジンの検索結果画面に表示されるテキストの広告
- ▶ 商品やサービスに興味・関心を持つ顕在層へアプローチできる
- ▶ 商品やサービスを知らないユーザーへの認知拡大にはつなげにくい

4-4

ディスプレイ広告とは

ディスプレイ広告は、Web サイトやアプリの広告枠に表示される広告です（**図1**）。

ディスプレイ広告の特徴

ディスプレイ広告は「画像＋テキスト」または「動画＋テキスト」を組み合わせたバナーで表示されることが多いため、「バナー広告」とも呼ばれています。ディスプレイ広告の主な課金方式には、広告が 1,000 回表示されるごとに課金が発生する**インプレッション課金制（CPM 課金制）**と、広告がクリックされるたびに課金が発生する**クリック課金制（CPC 課金制）**があります。クリック課金制（CPC 課金制）の場合は、検索連動型広告と同様に、広告が表示されただけでは料金はかかりません。

ディスプレイ広告のメリット

ディスプレイ広告は検索連動型広告と異なり、Web サイトやアプリを利用している中で目にする広告のため、商品やサービスを知らない潜在層へのアプローチを得意としています。また、画像や動画などによるビジュアルでの訴求が可能なため、商品やサービスをより魅力的に訴求できます。さらに検索連動型広告よりも CPC（クリック単価）が比較的安価に出稿できることも特徴です。これは広告の掲載枠が多いこと、また「潜在層へのアプローチ＝コンバージョン率が低い」ため、CPC を安価に設定する広告主（広告を出稿する企業や、その代理店）が多いためです。

ディスプレイ広告のデメリット

潜在層へのアプローチに長けている反面、基本的にはすでに商品やサービスに関心がある顕在層へのアプローチを目的としないため、短期的にはコンバージョンにつながりにくく、コンバージョン率は低くなりがちです。また、ほぼテキストのみの検索連動型広告と比べて、ディスプレイ広告はテキストに加えて画像や動画、広告の掲載面など要素が多く、「どの要素が成果に影響を及ぼしているのか」の発見までに時間を要します（**図2**）。そのため、はじめは複数のクリエイティブを出稿し、運用の中で成果の良い「勝ちクリエイティブ」を選択、出稿を続けるといったような運用を行うことをおすすめします。

ディスプレイ広告の掲載イメージ

図1 Webサイトやアプリの広告枠に表示される

出典：ライブドアポータル
URL：https://www.livedoor.com/

ディスプレイ広告の種類

図2 静止画や動画、テキストのさまざまな組み合わせ

バナー広告
広告枠に静止画や動画のバナーを掲載する広告。
ビジュアルでの訴求が可能なため、テキストだけの広告より細かい訴求が可能。

レスポンシブディスプレイ広告
掲載面によって自動でバナーのサイズやテキストが調整され、適切な組み合わせで表示される広告。

ファインド広告
レスポンシブディスプレイ広告と似ているが、掲載面が「YouTube」「Gmail」「Discover」と、Googleのサービスにのみ配信される広告。

動的ディスプレイ広告
ユーザーごとのインターネット上の行動履歴にもとづいて、興味・関心に合わせたクリエイティブが自動で生成・配信される広告。

テキスト広告
ディスプレイ広告の配信面にテキストのみ出稿する広告。検索連動型広告とは異なった掲載面に配信をしたい場合に有効。

初めてディスプレイ広告を出稿する場合は、仕組みが比較的シンプルなバナー広告から始めることをおすすめします。

まとめ
- ▶ ディスプレイ広告は、Webサイトやアプリの広告枠に表示される広告
- ▶ 商品やサービスを知らない潜在層へのアプローチが可能
- ▶ 短期的なコンバージョンにはつながりにくく、コンバージョン率は低い

4　インターネット広告でユーザーに宣伝する

4-5

ネイティブ広告とは

ネイティブ広告は、一見すると広告と気がつかない良い意味で「広告らしくない」広告です。

ネイティブ広告の特徴

ネイティブ広告は、Webメディアの記事などに自然に溶け込む形式で表示されることが特徴です（図1）。Webメディアの記事やSNSの投稿の間に表示されることで、ユーザーに自然な形で認知してもらうことができます。

ネイティブ広告のメリット

上記のとおり、Webメディアの記事などに自然に溶け込むため、ユーザー体験を損なうことなく商品やサービスを訴求することが可能です。「良い商品です！ぜひ試してみてください！」といった広告は訴求力がある反面、ユーザー体験を損なうことが多く、マイナスに働いてしまうこともあります。一方、ネイティブ広告であれば警戒心を持たれにくく、むしろ広告に対して好印象を持ってもらえる可能性があります。好印象を持ってもらえるような良質な広告の場合、ユーザーに拡散してもらえる場合もあります。この場合、広告費をかけずにインプレッション（広告の表示）を獲得でき、結果的に費用対効果が高くなる可能性があります。

ネイティブ広告のデメリット

記事などに自然に溶け込むのは大きなメリットですが、「ユーザーが広告であるとわからない広告」は「ステルスマーケティング」に該当するリスクがあります（図2）。このステルスマーケティングは、ユーザーに実際の商品やサービスよりも良いものという印象を不当に抱かせる恐れがあるため、景品表示法で規制されています。そのため「広告」「AD」「PR」「Sponsored」など、誰が見ても広告だとわかるように表記しておく必要があります。また、Webメディアに溶け込む広告を作成する場合、掲載箇所やメディアとの親和性も加味しながら、商品やサービスの訴求方法を検討する必要があります。そのため、通常の広告出稿と比べて工数がかかることが多い点も、デメリットです。

Webメディアなどに自然に溶け込むネイティブ広告

図1　ネイティブ広告の掲載イメージ

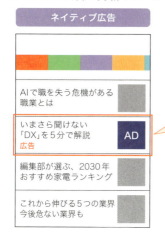

広告がWebメディアの記事などに自然に溶け込むようにデザインされているため、ユーザーに警戒心を持たれにくい

ネイティブ広告に潜むステルスマーケティング

図2　リスクを抱えるステルスマーケティングの流れ

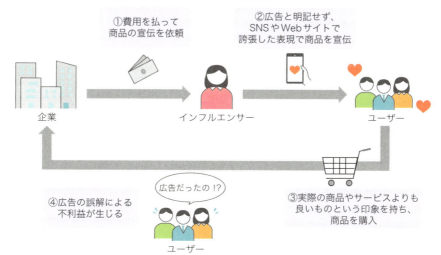

まとめ

- ネイティブ広告は、Webメディアなどに自然に溶け込む広告
- ユーザーに好印象を持ってもらいやすく、拡散してもらえる可能性もある
- ステルスマーケティングにならないように、広告だとわかる表示は必須

4-6

動画広告とは

動画広告は、静止画やテキストではなく動画を用いた広告です（図1）。

動画広告の特徴

動画広告には、大きく分けてインストリーム広告とアウトストリーム広告の2種類があります（図2）。インストリーム広告は、動画コンテンツの前後や合間に差し込まれる形式で流れる動画広告です（テレビ番組の合間に流れるCMのイメージ）。アウトストリーム広告は、Webサイトやアプリの広告掲載枠などの、ユーザーが再生する動画本編とは異なる広告枠に表示される動画広告です。インストリーム広告はさらに、動画広告を途中でスキップできる「スキッパブル型」と、動画広告を最後まで視聴する必要がある「ノンスキッパブル型」の2種類に分けられます。動画広告を出稿する側としては全編を視聴してもらいたいと考えますが、特にノンスキッパブル型の場合、ユーザーの動画視聴体験を損なう可能性も高く、商品やサービスへ悪印象を与える恐れもあります。そのため、動画の長さや内容を考慮して動画の型を選択しましょう。

動画広告のメリット

動画広告は、テキストや静止画と比べて短い時間で多くの情報を伝えることに長けています。そのため、商品やサービスの機能を複数紹介したり、ブランディングのためのブランドストーリーを訴求したりしたい場合には動画広告が適しています。また同じ動画広告のテレビCMと比較して、最低出稿金額が低いこともメリットのひとつです。動画のクリエイティブに応じてターゲティングと予算を調整することで、予算が少ない場合でも効率的に広告配信が可能です。

動画広告のデメリット

テキストや静止画と比べて、制作コストがかかることがデメリットです。企画から撮影、編集といった工程を経て作成するため、時間も費用も多く必要になります。またスキッパブル型の場合、動画の途中でスキップされてしまいユーザーに最後まで見てもらえない可能性もあります。そのため、冒頭数秒の間で、どれだけユーザーに興味を持ってもらえるかが、動画広告のカギになります。

動画広告の掲載イメージ

図1 Webサイトやアプリの広告掲載枠に音声付きで表示

動画広告の種類

図2 インストリーム広告とアウトストリーム広告

インストリーム広告

動画コンテンツの前後や合間に差し込まれる形式で流れる動画広告

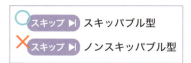

アウトストリーム広告

ユーザーが再生する動画本編とは異なる広告枠に表示される動画広告

まとめ

- ▶ 動画広告は、静止画やテキストではなく動画を用いた広告
- ▶ 動画広告は、短い時間で多くの情報を伝えることに長けている
- ▶ 制作コストがかかったり、動画を最後まで視聴してもらえない可能性がある

4-7

アフィリエイト広告とは

アフィリエイト広告は、成果報酬型の広告です（図1）。

アフィリエイト広告の特徴

アフィリエイト広告は、アフィリエイター（アフィリエイト広告で収入を得る人）が自身のWebサイトやブログに広告主の商品やサービスを紹介する広告を掲載し、ユーザーを広告主の販売・登録サイトに遷移させ、商品やサービスを購入・登録してもらう仕組みの広告です。アフィリエイト広告の特徴は、広告を掲載するだけでは広告費は発生せず、事前に定めたコンバージョンが達成されてはじめて広告費が発生する点です。また、他のインターネット広告と違い、広告主とアフィリエイターの間にASP（Affiliate Service Provider）と呼ばれる仲介会社が入ることが多いです（図2）。

アフィリエイト広告のメリット

アフィリエイト広告の最大のメリットは、費用対効果が高い点です。事前に定めたコンバージョンが達成されないかぎり費用が発生しないため、無駄なコストをかけずに広告配信が可能です。仮にコンバージョンが達成されなくても、広告費をかけずに商品やサービスの認知を広げられる点がメリットと言えます。さらに、訴求したい商品やサービスのターゲットユーザーにあったメディアを選ぶと、より確度の高いユーザーへ広告を届けることも可能です。

アフィリエイト広告のデメリット

アフィリエイト広告ではコンバージョンが未達成の場合、アフィリエイターへの報酬の支払いは発生しませんが、ASPを利用するための初期費用と月額費用は必要です。また、アフィリエイト広告は大手のWebサイトだけでなく個人のブログなどにも掲載される可能性があります。クリエイティブの作成や掲載面の選定、掲載方法の検討はアフィリエイターが行います。成功報酬という歩合制のため、多くのコンバージョンを得るために、誇大・虚偽の表現を用いて広告を配信する悪質なアフィリエイターもいます。不適切な広告が配信されると、自社のブランドイメージが低下するリスクもあるため、注意しましょう。

アフィリエイト広告の例

図1　ブログなどのランキング記事内に掲載されるアフィリエイト広告

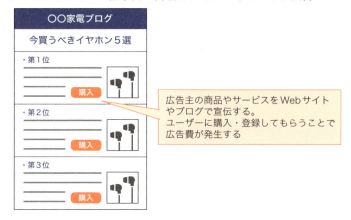

アフィリエイト広告の仕組み

図2　「広告主」「ASP」「アフィリエイター」「ユーザー」

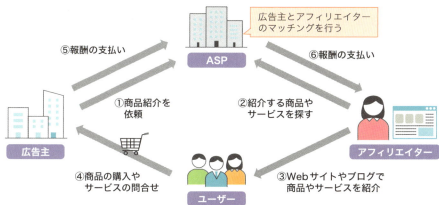

※ 広告主もアフィリエイターもお互いを自力で探すのは難しいため、ASPを用いることで広告配信を効率化します。

まとめ

- アフィリエイト広告は、コンバージョンが達成された段階で広告費が発生する成果報酬型の広告
- 広告主とアフィリエイターの間にはASPと呼ばれる仲介会社が入ることが多い
- 費用対効果が高いことが多いが、意図しないWebサイトへの掲載に注意

4-8

リマーケティング（リターゲティング）広告とは

リマーケティング（リターゲティング）広告とは、自社の Web サイトを訪れたことがあるユーザーに対して配信する広告のことです（図1）。

リマーケティング（リターゲティング）広告の特徴

リマーケティング広告は「リターゲティング広告」とも呼ばれることがありますが、意味は同じです。Google では「リマーケティング広告」、Yahoo では「リターゲティング広告」とプラットフォームによって呼び方が異なるだけです。リマーケティング広告は、リマーケティング用のタグを Web サイトに設置して、そのタグに接触したユーザーのリストを作り、そのリストに対する広告配信の設定を行うことで配信できます。

リマーケティング（リターゲティング）広告のメリット

リマーケティング広告のメリットは、一度離脱したユーザーへ再アプローチできる点です。Web サイトを訪れたユーザーの 90％ は、商品の購入などのアクションをせずに離脱すると言われています。リマーケティング広告を利用すれば、すでに商品やサービスに関心があるユーザーへアプローチできます。また、コンバージョン率が高く、かつクリック単価も安価に運用できることから、費用対効果が高くなることが多いです。そのため、少ない費用で多くのコンバージョンを獲得したい場合、採用したい広告のひとつです。

リマーケティング（リターゲティング）広告のデメリット

一度 Web サイトを訪問したユーザーへ広告を配信するという特性上、基本的には新規ユーザーや潜在ユーザーへの配信は難しいため、顧客の新規開拓には不向きです。また、同じ人に何度もアプローチをする手法のため、使い方を誤れば逆に不信感を持たせてしまう恐れもあります。例えば、ある Web サイトを訪問した後、その Web サイトの広告が全く関係のない場所で表示されたり、同じ広告が何度も表示されたりすると、「情報が漏れてる？」と不安を抱く人も出てきます。そのためフリークエンシーキャップ（広告の表示回数上限）を設定するなど、対策をとりましょう（図2）。

リマーケティング（リターゲティング）広告の流れ

図1　一度離脱したユーザーへ再アプローチできる仕組み

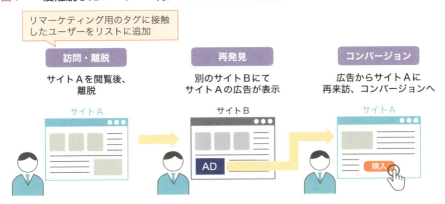

リマーケティング（リターゲティング）広告の注意点

図2　不適切なフリークエンシーキャップは不信感につながる

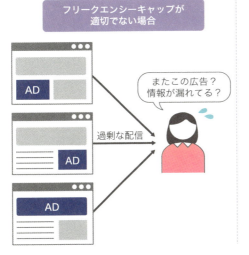

適切なフリークエンシーキャップの回数は、業種や商材、目的などによって異なります。まずは日単位で設定をし、広告を配信していく中で調整していくことをおすすめします。

まとめ

- リマーケティング広告は、自社のWebサイトに訪れたことがあるユーザーへ配信する広告
- 一度来訪したユーザーへ再アプローチできるため、コンバージョン率が高い
- 新規ユーザーや潜在ユーザーへの配信は難しく、顧客の新規開拓には不向き

4-9

広告に関連する指標を理解する

インターネット広告は出稿するだけでは効果的な配信ができません。広告指標を理解し、広告の効果を適切に分析するようにしましょう（**図1**）（**図2**）。

広告関連指標の種類

• クリック数／ CTR

クリック数は、広告がクリックされた回数です。CTR（Click Through Rate）とは、広告表示回数に対してユーザーが広告をクリックした割合です。どちらもユーザーの広告への興味・関心度合いを示すため、数値が低い場合は出稿している広告を見直しましょう。

• CV ／ CVR

CV（Conversion）は、広告をクリックしたユーザーが、設定した目標（商品の購入やサービスの登録など）を達成した回数を表します。CVR（Conversion Rate）とは、広告をクリックして Web サイトに訪問したユーザーがどの程度 CV したか（目標を達成したか）の割合を表します。CV と CVR は高いほど良いとされています。もし低い場合は出稿している広告だけでなく、広告の遷移先である Web サイトにも問題がある可能性があります。

• CPM ／ CPC ／ CPA

CPM（Cost per Mille）は、広告の表示 1,000 回あたりの費用を表します。CPC（Cost per Click）は、広告のクリック 1 回あたりの費用を表します。CPA（Cost per Action）は、1 件あたりの CV を獲得するために必要な広告費用を表します。広告出稿における費用対効果を計測する重要な指標のため、広告出稿の前に目標 CPA を定め、この目標 CPA を元に運用しましょう。

• ROAS ／ ROI

ROAS（Return On Advertising Spend）は、広告費用に対してどのくらいの売上を得られたのかを表します。ROI（Return on Investment）は、広告費用に対してどのくらいの利益を得られたのかを表します。ROAS と ROI はよく混同されがちですが、どちらも投資した広告費用に対して得られた成果を測るという点では同じです。企業においては基本的に利益額をベースとした ROI が大切ですが、実際の広告の運用の中では素早く計算ができる ROAS で成果を測ることが多いです。

広告関連指標を知る

図1　主な広告関連指標の計算式

広告指標	計算式
CTR（Click Through Rate） 広告表示回数に対してユーザーが広告をクリックした割合	クリック数÷表示回数×100（％）
CVR（Conversion Rate） 広告をクリックしたユーザーが、設定した目標を達成した割合	CV÷クリック数×100（％）
CPM（Cost per Mille） 広告の表示1,000回あたりの費用	広告費用÷表示回数×1,000
CPC（Cost per Click） 広告のクリック1回あたりの費用	広告費用÷クリック数
CPA（Cost per Action） 1件あたりのCVを獲得するために必要な広告費用	広告費用÷CV
ROAS（Return On Advertising Spend） 広告費用に対する売上の獲得割合	広告経由の売上÷広告費用×100（％）
ROI（Return on Investment） 広告費用に対する利益の獲得割合	利益（広告経由の売上-経費）÷広告費用×100（％）

広告関連指標の関係性

図2　主な広告関連指標の関係図

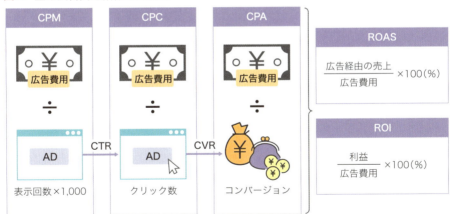

まとめ
- 広告に関する指標を理解することで、効果的な配信が可能になる
- CVとCVRが低い場合は広告だけではなくWebサイトにも問題がある可能性がある
- 成果を測るにはROIがおすすめだが、実運用ではROASを用いることも多い

4-10

目標に合わせた入札戦略を選択する

　入札戦略とは、広告出稿を行う際の「広告枠のオークション（入札）」に参加するための入札単価を決める方法です。広告を出稿する目的に合わせて入札戦略を選択することで、より効果的に広告を配信できます（図1）。

入札戦略の種類

　入札戦略は大きく分けて「手動入札」と「自動入札」の2種類があります。手動入札では予算を手動でコントロールできるため、決められた予算の中で運用する場合に重宝します。しかし、運用調整（入札単価の調整など）を都度手動で行う必要があるため、大規模なキャンペーンであればあるほど手間とコストがかかります。自動入札では、手動入札と異なり手動でのコントロールが不要になるため、手間やコストがかかりにくいです。また、手動入札では実現できない細かな調整も自動で行ってくれるため、手動入札よりも効率的にクリックやコンバージョンを獲得することも可能です。しかし、この自動調整を有効にするためには、ある程度データの蓄積（学習）が必要になります。

入札戦略による成果向上と効率化

　入札戦略、特に自動入札はデータやユーザーの行動パターンを分析し、広告のターゲティングや入札価格を最適化します（図2）。これにより、関連性の高いユーザーに広告を表示することができるため、高い広告効果が見込めます。自動入札には機械学習が用いられており、データの蓄積に伴って学習が進み、広告配信の精度が高まります。例えば、自動入札で「クリック数の最大化」という入札戦略を選んだ場合、予算内で広告のクリック数が最大化されるように入札が行われます。そのため、コンバージョンよりもまずはWebサイトへの流入を増やし、認知度を上げたい場合に適しています。また、入札戦略として「目標コンバージョン単価」を選んだ場合は、設定した目標とするコンバージョン単価でコンバージョンを獲得するために、入札価格が自動で調整されます。一方で、目標コンバージョン単価を超えそうな場合は媒体側が配信を抑え、広告配信量が減ってしまうことがあります。そのため、配信状況をこまめに確認し、目標コンバージョン単価を上げる調整が必要になります。以上のように、目標に合わせて自動で設定が調整される部分もありますが、運用作業が完全に不要になるわけではない点には注意しましょう。

Google 広告での入札戦略の設定方法

図1　入札戦略「クリック数の最大化」を設定する例

入札戦略の種類

図2　広告出稿の目標によって選択する入札戦略が異なる

入札タイプ	入札戦略	目標	影響する指標
手動入札戦略	個別クリック単価制	Webサイトへの流入数増加（手動調整）	クリック数
自動入札戦略	クリック数の最大化	Webサイトへの流入数増加	
	目標インプレッションシェア	認知度向上やコンバージョン数増加	インプレッション数
	コンバージョン数の最大化（スマート自動入札）	コンバージョン数獲得を最大化	コンバージョン
	目標コンバージョン単価	目標とするコンバージョン単価でコンバージョンを最大化	
	目標広告費用対効果	各コンバージョンの価値が異なる場合に目標費用対効果を達成	
	コンバージョン値を最大化	予算内でコンバージョン値を最大化	

まとめ

- ▶ 入札戦略は、大きく分けて手動入札と自動入札がある
- ▶ 自動入札の中でも目標によってさらに細かく戦略を選択できる
- ▶ 自動入札を選択しても、すべての運用が自動化されるわけではないので注意

4-11

広告出稿による企業リスクを把握する

　近年、インターネット広告の出稿では、ブランド毀損や不正広告など、広告を出稿する企業のリスクが高まっています。リスクへの対処方法を理解し、企業ブランドを守りながら効率的に広告の配信をしましょう。

アドフラウド（広告詐欺）

　アドフラウド（広告詐欺）とは、インターネット広告における詐欺行為のことです。例えば、プログラムによって広告の表示回数やクリック数を不正に水増しする行為などがあります。アドフラウドは広告を出稿する広告主にとって大きな損失となります。広告の表示回数やクリック数が水増しされてしまうと、水増し分余計に多く広告費を支払わなければはならなくなります。また、成果を分析する際にも水増し分が邪魔をし、正しい検証もできなくなってしまいます（図1）。

アドベリフィケーションで広告の価値毀損を検証する

　広告の価値毀損を検証する手法として**アドベリフィケーション**があります。アドベリフィケーションでは、以下の3つの指標で検証を行います（図2）。

- **アドフラウド**：配信した広告に、不正に水増しされたインプレッション（広告の表示）やクリックが発生していないか
- **ブランドセーフティ**：配信した広告が、広告主のブランドイメージを毀損するような不適切な Web サイトに掲載されていないか
- **ビューアビリティ**：配信した広告が、Web ページ上のユーザーが見える場所に掲載されているか

　これらの指標を活用することで、不正な広告の表示や不適切な Web サイトへの掲載を把握し、対処できるようになります。また、配信されたと思っていた広告が実はユーザーに見えない場所に掲載されていたといったような、通常の運用では気づきにくい部分まで検証できます。このようにアドベリフィケーションを行うことで、不要な広告費を抑えつつ、自社のブランドイメージの保護（ブランドセーフティ）にもつなげることができます。

アドフラウド（広告詐欺）の仕組み

図1 プログラムによって不正な広告表示やクリックが行われる

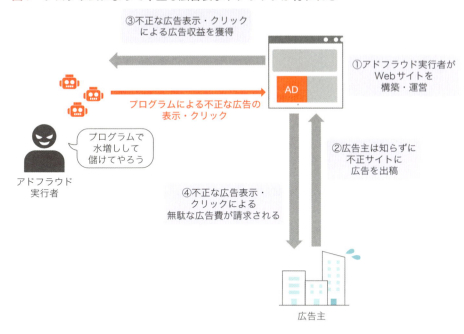

アドベリフィケーションの3つの指標

図2 「アドフラウド」「ブランドセーフティ」「ビューアビリティ」

アドフラウド	ブランドセーフティ	ビューアビリティ
Point 広告が本当に人間に見られていたか	**Point** ブランドイメージが毀損されるリスクはないか	**Point** 広告がユーザーに見られる状態にあったか
プログラムによってクリックやインプレッションが不正に水増しされていないこと	ブランドイメージに適さないWebサイトやアプリに広告が掲載されていないこと	広告の50%以上が1秒以上表示されること

まとめ

- 近年、インターネット広告はブランド毀損や不正広告などのリスクが高まっている
- アドフラウドに対応しなければ、無駄な広告費用を支払うことになる
- アドベリフィケーションで、広告の価値毀損を検証できる

Column

広告費のネットとグロス

■ ネットとグロスの違い

広告費において、ネットとグロスという言葉をよく使います。ネットは「実際に広告費として使用した費用」のことを指します。グロスは「広告出稿時にトータルでかかる費用」を指します。つまり、グロスはネットに広告代理店の手数料（マージン）を加えた総額です（図1）。広告出稿時に広告代理店から請求される費用は、グロスの金額です。また、広告代理店がインターネット広告について言及する場合の広告費用とは、「グロス」を指すことが多いです。

■ 広告出稿時の注意点

広告出稿をする際には、必ずネットとグロスの違いを理解し、広告費の予算上限はネットとグロスのどちらなのかを明確にしておきましょう。例えば、あるキャンペーンの認知拡大のために広告代理店へ予算100万円で広告配信を発注したとします。あなたはグロスで100万円のつもりでしたが、広告代理店はネットで100万円と認識していたとします。この場合、広告代理店からの請求はネットの100万円に手数料（マージン）が上乗せされた金額となり、当初の予算よりオーバーしてしまいます。このように、少しの認識の違いが後に大きな問題になるため、広告出稿前に「この金額はネットなのか、グロスなのか」を必ず明確にしておきましょう。

図1　ネットとグロスの違い

広告出稿時にトータルでかかる費用（グロス）

| 広告費として使用する費用（ネット） | 手数料（マージン） |

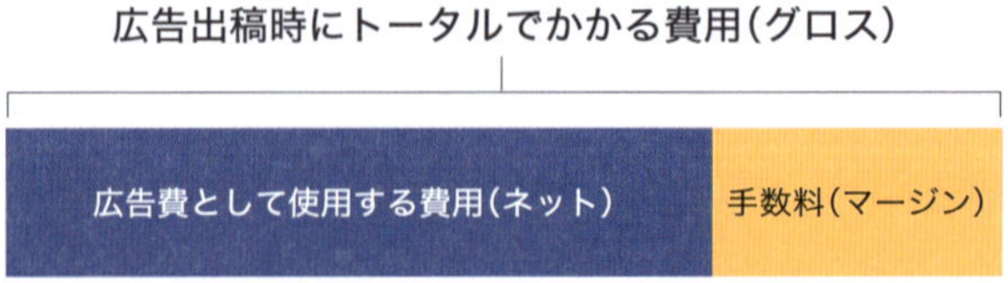

デジタルマーケティングの視点で、SNSの企業アカウントの運用例と、主要なSNSの特徴について解説します。

SNSでユーザーと関係を築く

Chapter

5

5-1

SNS とデジタルマーケティング

数が多いデジタルマーケティングの媒体の中で、存在感を強めているのが SNS です。

オーガニック投稿と広告

デジタルマーケティングにおける SNS の特徴は、ユーザーが主体的に行うクチコミやいいねやシェアなどのアクションによって、多くの人にアプローチできる点です。自社の商品やサービスのファンが SNS アカウントをフォローし、投稿を拡散することで、まだ自社の商品やサービスを認知していない層にアプローチできるため、さらなるファンの獲得につながります。企業やブランドの公式 SNS アカウントを作成し、企業が自身のアカウントにコンテンツを投稿することを**オーガニック投稿**と呼びます。また、SNS の運営会社に広告料を支払い、SNS 上で配信する広告を **SNS 広告**と呼びます（図1）。SNS を利用している幅広いユーザー層の中から、適切にターゲティングして広告を配信できるのが SNS 広告の特徴です。一部の SNS では、ユーザーがアカウントを登録する際に、年齢や性別・趣味などの個人情報の登録が求められます。これらのユーザーが入力した情報と、いいね・シェアなどの SNS 上の行動データから、精度の高いターゲティングが可能です。

デジタルマーケティングへの活用事例

ハーゲンダッツ ジャパン株式会社は、ターゲットである 20 〜 34 歳女性のテレビ離れへの対策として、SNS を活用しています。Facebook ではオフィシャルな雰囲気、Instagram ではおしゃれさを意識する、LINE はキャンペーンや新作商品などのお知らせを配信し、X（旧：Twitter）は速報を配信するなど、各 SNS の特性に合わせてマーケティングをしています。特に Instagram や X では、ユーザーの評価やクチコミを含む **UGC(User Generated Content)**を活用しています（図2）。その結果、公式 SNS アカウントの合計フォロワー数は 1,000 万人を超えています。SNS との相性が良いデジタルマーケティングの手法に、動画コンテンツの配信があります。マーケットプレイス「Qoo10」は、X で初のライブ配信を活用したオンライン販売の**ライブショッピング（ライブコマース）**を実施しました※。約 210 万人が視聴し、配信 20 分で完売した商品もありました。このように、リアルタイムのライブ配信による臨場感や拡散力が、販売増加に大きく貢献しました。

SNSを活用したマーケティング手法を選ぶ

図1　オーガニック投稿とSNS広告の特徴

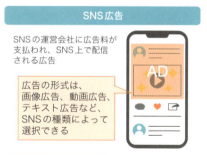

オーガニック投稿

企業が自身のアカウントで投稿したコンテンツ

コンテンツの内容は、最新情報、商品やサービスの紹介、キャンペーン情報など

ユーザーの関心を引くコンテンツを継続的に配信することで、フォロワーの維持や、拡散によるフォロワーの増加が期待できる
➡ ファンの獲得、商品やサービスの購入、利用につながる

SNS広告

SNSの運営会社に広告料が支払われ、SNS上で配信される広告

広告の形式は、画像広告、動画広告、テキスト広告など、SNSの種類によって選択できる

ユーザーのアカウント登録時の個人情報や、SNS上の行動データを利用できる
➡ 精度の高いターゲティングが可能

SNS時代のマーケティングフレームワーク

図2　UGCを活用したユーザーの購買行動モデル「ULSSAS（ウルサス）」

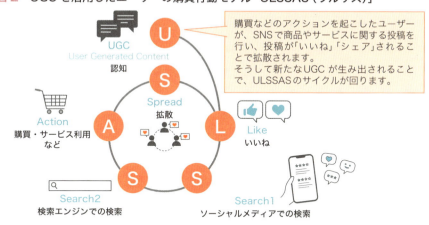

購買などのアクションを起こしたユーザーが、SNSで商品やサービスに関する投稿を行い、投稿が「いいね」「シェア」されることで拡散されます。
そうして新たなUGCが生み出されることで、ULSSASのサイクルが回ります。

- U: UGC User Generated Content 認知
- L: Like いいね
- S: Search1 ソーシャルメディアでの検索
- S: Search2 検索エンジンでの検索
- A: Action 購買・サービス利用など
- S: Spread 拡散

出典：hottolink「ULSSAS（ウルサス）とは」をもとに著者が一部改変して作図
URL：https://www.hottolink.co.jp/service/method/ulssas/

※本文出典：Xマーケティング「210万人が視聴、日本初となるライブショッピングを成功させたQoo10のTwitter活用術」
　URL：https://marketing.x.com/ja/success-stories/qoo10

まとめ

- ▶ SNSを用いたマーケティングでは、ユーザーのアクションが認知拡大につながる
- ▶ 企業が自身のアカウントにコンテンツを投稿することをオーガニック投稿と呼ぶ
- ▶ SNSの運営会社に広告料が支払われ、SNS上で配信される広告をSNS広告と言う

5-2

SNSの企業アカウントの運用フロー

　企業はSNSの企業アカウントを運用し、ユーザーとコミュニケーションをとって商品やサービスの認知を拡大できます。運用のひとつの型を紹介します（図1）（図2）。

STEP1 目標設定

　はじめに、アカウント運用を通じて達成したい「目標」を定める必要があります。「企業や新商品の認知度を上げたい」「商品の売上を〇％伸ばしたい」など、解決したい課題を関係者とすり合わせることで、軸をぶらさず運用できます。

STEP2 投稿スケジュール作成

　投稿にはさまざまな種類があります。商品訴求投稿・キャンペーン投稿・CSR（企業の社会的責任）周知投稿など、自社アカウントで投稿したい内容を決めます。翌月分の投稿スケジュールまで作成し、関係者と合意形成しておくと、余裕を持って進行できます。「他企業とのタイアップ投稿」などの大型の取り組みは、数か月前から進行しましょう。制作期間に加え、関係者が制作物を確認する期間も必要です。

STEP3 投稿作成・投稿

　一部の媒体を除きテキストだけで投稿は可能ですが、静止画や動画などを加えると訴求力はグッと増します。各媒体の画面から直接投稿が可能ですが、投稿量が多い場合や投稿日時の厳守が必要な場合は、「Belugaスタジオ」などの投稿管理ツールがおすすめです。投稿管理ツールは、日時を指定して複数の投稿を予約したり、投稿を承認制にしたりできるため、誤って投稿されるリスクを低減できます。

STEP4 検証

　企業アカウントの運用のメリットは、ユーザーの反応を数値・コメントなどで確認できることです。投稿するだけでなく、どの投稿がユーザーに刺さったのかを検証しましょう。商品やサービスの認知拡大のためであれば「インプレッション数（投稿の表示回数）」、自社HPへの流入数増加のためであれば「URLのクリック数」など、目的に応じて検証の観点が異なります。「目標設定」で定めた目標に近づけているかを週次・月次で検証しましょう。

企業アカウントの運用フロー例

図1 「目標設定」「投稿スケジュール作成」「投稿作成・投稿」「検証」

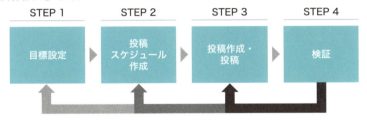

運用時は基本的にSTEP3とSTEP4を繰り返します。
約1カ月ごとにSTEP2、約1年ごとにSTEP1の見直しも図りましょう。

SNSの企業アカウント運用者の仕事

図2 一日のスケジュール例

09:00 業務開始
メールやチャット、その日の投稿の承認状況などを確認します。

09:30 朝会
SNSチーム全員参加。投稿の承認状況やタスクをすり合わせます。

11:00 次回キャンペーンの打ち合わせ
翌月に実施予定の大型キャンペーンについて関係各社で打ち合わせ。
要件を詰めていきます。

13:00 ランチ
お昼時に打ち合わせが入ることも多いため、ランチに行く時間は日によって
変えています。

14:00 投稿作成・予約
打ち合わせがない時間に投稿を作成します。また、関係各所の確認が完了した投稿は、
随時投稿を予約します。誤字脱字や誤った情報がないか、予約のタイミングでも
入念にチェックします。

16:00 週次定例会
実施した投稿について、1週間区切りで実績値をまとめ、共有します。
実績値が伸びた理由の深掘りや、次のアクションについての話し合いも行います。

19:00 退社
翌日以降の投稿の作成や予約作業の量によっては、もう少し残業することもあります。

まとめ

▶ 設定した目標とスケジュールに従って投稿作成を進行する
▶ 投稿管理ツールを用いると意図しない投稿によるミスを防ぐことができる
▶ 投稿しっぱなしではなく、目標に応じた検証を必ず行う

5-3

企業アカウントを運用する際に気をつけたい点

企業アカウントを上手く活用できれば、商品やサービスの認知、会社の知名度アップにつながります。SNSのリスクを理解し、適切な運用に努めましょう。

企業らしさ（トンマナ）

一貫したテーマや方向性（ブランディング）を持つことで、ファンの獲得につなげることができます。例えば、自社の新商品やCSR（企業の社会的責任）などについて投稿しつつも、どのクリエイティブでも一目で同社の投稿（商品）であることがわかる企業アカウントがあります。また、語尾や口調を統一した投稿を行うことで、ゲームの世界観を壊すことなく、新情報や新商品の訴求に成功しているアカウントもあります（図1）。

スケジュール管理

企業アカウントの運用を円滑に進めるために「スケジュール管理」は必須です。スケジュール管理方法のひとつにコンテンツカレンダーがあります。コンテンツカレンダーは「どのようなコンテンツを」「いつ」「どの媒体で投稿するのか」などをまとめたものです。コンテンツカレンダーを制作するメリットは「部門間の認識のズレを防ぐ」「投稿漏れを防ぐ」「マーケティング戦略を立てやすくなる」の3つです。コンテンツカレンダーを作らない場合、情報解禁前の情報を投稿してしまったり、発信すべきだった投稿が漏れてしまったりといった重大な事故が起きる恐れがあります（図2）。

企業リスク

企業アカウントを運用する上で忘れてはいけないことが「企業アカウントとして投稿をする」という意識です。企業のSNSでの投稿は、少しの気のゆるみで炎上するリスクが必ず伴います。「実際の商品やサービスの詳細と異なった誤った情報の投稿」「個人のアカウントと取り間違えた投稿」などの不適切な投稿は、ユーザー間で拡散され、炎上する可能性が非常に高いです。炎上してしまった場合、ユーザーの信用を失うだけでなく、会社として原因究明や謝罪を求められます。

トンマナが統一されている X (旧：Twitter) 公式アカウント

図1 統一性のあるクリエイティブや語尾を用いたアカウントのイメージ

認識のズレや投稿漏れを防ぐスケジュール管理方法

図2 コンテンツカレンダーの例

2030年2月 コンテンツカレンダー

日付	時間	案件名	投稿媒体	予約有無	確認者①	確認者②	最終確認	投稿後確認	備考
2/1 (金)	10：00	新商品Aの告知	X/FB	○	○	○	○	○	
	16：10	新商品Bの告知	IG	○	○	○	○	○	
2/3 (日)	16：00	2個買うと100円引きセール告知	X	○	○	○	○	○	同時刻、特設LP公開予定
2/4 (月)	11：00	新商品Cの告知	X/FB/IG	○	○	○			
	15：30	環境への取り組み紹介	X/FB	○	○				
	16：30	○○タイアップの告知	X/FB						

※FBはFacebook、IGはInstagramを表す。

> **まとめ**
> ▶ 投稿に一貫したテーマや方向性を持つことでファンの獲得につながる
> ▶ コンテンツカレンダーを作成し、認識のズレや投稿漏れを防ぐ
> ▶ SNSの企業アカウントでの投稿には、炎上するリスクが必ず伴う

5 SNSでユーザーと関係を築く

5-4

X（旧：Twitter）の特徴

X は、140 文字（半角 280 文字）のポストでやり取りを行う SNS です。

X（旧：Twitter）の媒体特性

X の最大の特徴はその拡散性の高さです。リポストと呼ばれる機能で自身のフォロワーへ投稿を拡散し、それを見たフォロワーがリポストをすることでさらにそのフォロワーのフォロワーへと拡散します。また、今まさに注目されているトピックがリアルタイムで選び出されるトレンドと呼ばれる機能があります。例えば「今放映されているテレビ番組に関するキーワード」「クリスマスなどの季節に合わせたキーワード」などがトレンドとして表示されることがあります。このことから X は「最新の情報がリアルタイムにユーザー間で拡散・共有される SNS」と言えます（図1）。

X（旧：Twitter）の運用とキャンペーン

自社の商品やサービスの認知拡大、売上増加を目的として、多くの企業が X のアカウントを所有・運用しています。日々の運用では、投稿の表示回数やエンゲージメント率（投稿に対する反応の割合）、リポスト数などについての KPI を定め、それらの KPI の達成に向かって運用すると良いでしょう。フォロワー数によってユーザーの反応数は異なるため、KPI は自社アカウントの過去実績や同様のフォロワー数・同業他社のアカウントの数値をもとに定めることをおすすめします。また、ただ投稿するだけではなく、投稿後に検証を行うことで原稿・クリエイティブの改善を図ることができます。反応が良かった投稿だけに目が向きがちですが、芳しくなかった投稿からも「表示回数やクリック数などが伸長しなかった理由」を分析し、知見を蓄えていくことが大切です。

また、X キャンペーンを実施することで、効率的に商品やサービスの認知拡大、フォロワーの獲得につなげることもできます。複数あるキャンペーン手法のひとつに、ユーザーのアクションに即時で反応を返すインスタントウィンキャンペーンがあります（図2）。こちらは多くの企業で取り入れられており、キャンペーンの参加条件にアカウントの「フォロー＋リポスト」を指定している場合が多いです。参加条件に「フォロー」があるため、効率的にフォロワーを獲得できます。

X(旧：Twitter)の媒体特性

図1　リポスト（引用ポスト）とトレンドによる拡散性

Xキャンペーン（インスタントウィンキャンペーン）の流れ

図2　インスタントウィンキャンペーンの例

※ キャンペーンの条件を「フォロー＋引用ポスト」にするなど、ほかの条件で実施することも可能です。
※ 特定のハッシュタグをユーザーにつぶやいてもらい、任意の単語をトレンドに掲載し、さらなる拡散を狙うこともできます。
※ トレンドに掲載されれば通常運用ではリーチできないユーザーへも投稿が届き、効率的に商品やサービスの認知を広げられます。

まとめ

- ▶ Xの最大の特徴は拡散性の高さ
- ▶ Xは、リアルタイムに多くのユーザーへ情報を届けられる
- ▶ Xのフォロワー数の増加にはインスタントウィンキャンペーンがおすすめ

FacebookとInstagramの特徴

Facebookは実名登録制のSNSで、Instagramは写真や動画をメインに共有できるSNSです。

FacebookとInstagramの媒体特性

Facebookでは出身地や出身校、勤務先などを設定できるため、他のSNSと比べてリアルなつながりをコンセプトとしたSNSと言えます。投稿を拡散するシェア機能もありますが、実名登録制のためネガティブな投稿をしにくく、X（旧：Twitter）と比べて炎上しにくい傾向があります。利用ユーザーは30代〜50代の中年層が多く、私的目的だけでなくビジネス目的など、フォーマルな使い方をされることも多いです。

Instagramの特徴は、写真や動画をメインにした投稿の共有や閲覧が可能な点です。「インスタ映え」という言葉があるように「Instagram＝おしゃれ」というイメージを持つ人が多いです。元々は若年層の利用者が大半を占めていましたが、現在ではユーザー層が広がり、若年層以外の年代のユーザーの利用も増えています（図1）。

FacebookとInstagramの運用と広告

Xと異なり、Facebookは約6万文字、Instagramは2,200文字と多くの文字を投稿できるため、訴求したいポイントを多数盛り込むことが可能です。しかし、媒体の性質上Xと比べて拡散力は低いため、フォロワー獲得キャンペーンなどによるフォロワーの獲得は難しいです。そのため、投稿や広告出稿を行う際のKPIは、「フォロワー数」ではなく「投稿や広告の閲覧数やコンバージョン数」などを設定すると良いでしょう。Facebookはフォーマルな印象の商品やサービスと相性が良く、Instagramは流行に敏感なユーザーが多いためフォトジェニックな商品やサービスの投稿・広告が刺さりやすいです。また、Instagramの運用ではいかに発見タブに掲載されるかが重要となります。発見タブとは「ユーザー一人ひとりにパーソナライズされた投稿が、フォロワー以外の人にもおすすめとして表示される機能」のことです（図2）。そのため、流行り（今ユーザーが求めている情報）を発見タブから情報収集し、自社の投稿のトンマナと合わせた投稿を作ることで、ブランドイメージを損なうことなく拡散を狙うことができます。

Facebook と Instagram の違い

図1　年齢層・特徴・投稿が届く範囲

	Facebook	Instagram
年齢層	・30代〜50代の中年層が多い	・若年層がメインだが、若年層以外の年代の利用も広がっている
特徴	・実名登録制 ・ビジネス目的のフォーマルな使われ方も多い	・写真や動画をメインに投稿 ・ユーザーが能動的に拡散させるシェア機能に乏しい
投稿が届く範囲	・友達まで。シェア機能を用いれば、友達の友達まで拡散可能 ・反応が良い投稿は、友達以外のユーザーにもおすすめ表示される	・基本的にはフォロワーへのみ投稿が届く ・反応が良い投稿は、発見タブに掲載され、フォロワー外へも拡散される

Instagram での拡散

図2　発見タブへの掲載

発見タブ

ユーザーが興味・関心のある投稿が表示される。
シェア機能の無いInstagramでは、この「発見タブ」に掲載されることで投稿が拡散されるため、重要。

虫眼鏡のアイコンをタップして発見タブを表示する

まとめ

▶ Facebook は実名登録制で、フォーマルな投稿に適している
▶ Instagram は、流行りのものやフォトジェニックなものの訴求に適している
▶ Instagram の運用では、いかに発見タブに掲載されるかが重要

5　SNSでユーザーと関係を築く

YouTubeとTikTokの特徴

　YouTubeは、Google社が運営する世界最大規模の動画共有サービスです。**TikTok**は、15秒〜60秒程度の短尺動画を共有できるサービスです。

YouTubeとTikTokの媒体特性

　YouTubeは性別問わず幅広い年代で利用されており、18歳以上の月間利用者数は日本だけで7,120万人を超えています（2023年5月時点）※。他のSNSでは発信した情報は投稿した直後のみ閲覧され、その後は見られないことがほとんどです。一方、YouTubeは一度アップロードした動画は時間が経ってからもユーザーに見てもらえる仕組みがあるため、自社の商品やサービスの紹介動画やブランドムービーなどを掲載することに適しています（図1）。

　TikTokは音楽に合わせた短い動画を撮影・加工し、共有できるSNSです。YouTubeとの大きな違いに「利用ユーザー層」と「動画時間」が挙げられます。TikTokの利用ユーザーの大半は10代〜20代で、15秒〜60秒の短尺動画を撮影・投稿可能です（動画のアップロードは10分まで可能）。そのため、若年層をターゲットにした商品やサービスの訴求に適しています。TikTokでは、ユーザーが興味を持ったコンテンツがおすすめフィードなどを通して自然に拡散されるため、通常の広告ではリーチすることが難しいユーザーにもプロモーションを届けることが可能です（図2）。

YouTubeとTikTokの運用と広告

　YouTubeは動画視聴を主とする媒体のため、ユーザーが音声を聞く環境を整えて使用する場合がほとんどです。そのため、他のSNSと比べてYouTubeに出稿した動画広告は、ユーザーに音声を聞いてもらえることが多いことがメリットです。TikTokはユーザーにパーソナライズされた短尺かつスキップ可能な動画広告が表示されるため、情報過多と言われるこの時代に適しています。さらにTikTokを利用するユーザーは新しい「発見」を求めており、他のSNSでは身構えられてしまうような広告でも、若年層の心をつかむような流行りを取り入れれば、オープンに受け入れられてコンバージョンにつながる可能性があります。ただし、ブランドイメージを毀損しないよう、自社の商品やサービスとマッチしているかどうかは、入念にチェックするようにしましょう。

アップロードから時間が経った動画も見てもらえる、YouTubeのさまざまな仕組み

図1　YouTubeチャンネル

ホーム	動画	再生リスト
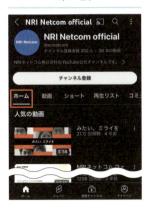		
人気の動画は、数年前の動画であっても表示される	「新しい順」だけでなく、「人気の動画」「古い順」と過去の動画も見つけてもらえる	再生リストを再生すると、自動的に同じリストの中の動画が次に再生される

出典：NRI Netcom official　URL：https://www.youtube.com/@nrinetcom

YouTubeとTikTokの違い

図2　YouTubeとTikTokの年齢層・特徴

	YouTube	TikTok
年齢層	・幅広い年代が利用	・10代〜20代が大半を占める
特徴	・動画共有サービスで最大級のユーザー数 ・動画の長さは最大12時間まで対応 ・音楽やゲーム実況、子供向けや教育などジャンルが幅広い ・チャンネル内に過去の動画も見てもらえる仕組みが多数ある ・自社の商品やサービスの紹介動画・ブランドムービーなど、比較的フォーマルな動画の投稿にも適している	・15秒〜60秒の短尺動画を撮影・投稿可能（動画のアップロードは10分まで可能） ・音楽に合わせたエンタメ系の動画がメイン ・利用ユーザーは新しい「発見」を求めているため、流行りを取り入れた広告も受け入れられやすい ・ブランドイメージの毀損にならないか、自社の商品やサービスとマッチしているかどうかの検討が必要

※ 本文出典：Think with Google「2023年のYouTube視聴はますます多様に──テレビデバイスで月間3,800万人、ショート動画も前年度より加速」
URL：https://www.thinkwithgoogle.com/intl/ja-jp/marketing-strategies/video/youtube-recap2023-2/

まとめ

- YouTubeは、幅広い年代が利用する最大級の動画共有サービス
- TikTokは、若年層の利用が大半を占める短尺動画メインの動画共有サービス
- TikTokでは、流行りを取り入れた広告であればオープンに受け入れられやすい

5-7

LINE の特徴

LINE はチャットや通話機能に加えて、ニュースや金融など幅広いサービスも利用可能なコミュニケーションアプリです。国内で普及している SNS の中で最も利用ユーザー数が多いです。

LINE の媒体特性

LINE は不特定多数のユーザーとやり取りを行う他の SNS と異なり、チャット型のアプリのためクローズドな SNS と言えます。LINE の月間利用者数は約 9,700 万人で、日本人のうち 7 割以上が利用しています（2024 年 3 月末時点）。また、性別や年代、居住エリアなどを問わずユーザー層も幅広いです[※]。

LINE の運用と広告

LINE を利用して自社の商品やサービスの認知を拡大していく手段として **LINE 公式アカウント**があります（図1）。この公式アカウントをユーザーに「友だち追加」してもらうことで、メッセージでの商品やサービスの紹介、クーポンの配布、ショップカード（電子ポイントカード）の運用、ユーザーからの質問への返答など、さまざまな方法でユーザーとコミュニケーションが取れます。そのため、友だち追加をしてもらうことがはじめの目標になるでしょう。「友だち追加でドリンク 1 杯無料！」「友だち追加で期間限定のオリジナルスタンププレゼント！」などのクーポンやプレゼントの配布と絡ませることで、ユーザーがメリットを感じ、友だち追加をしてもらえる可能性が高まります。

また、LINE 上に広告を配信して商品やサービスの訴求を行うことも可能です（図2）。上記の通り、幅広い年代や性別、居住エリアの非常に多くのユーザーに対してリーチできるため、さまざまな商品やサービスに合ったターゲティングで広告を配信できる点が魅力です。しかし、不特定多数のユーザーとやり取りを行う X（旧：Twitter）などの SNS と比べてクローズドな SNS であり、拡散する機能が無いため、拡散力は低いです。そのため、追加費用が発生しない、ユーザーによる広告の二次拡散はあまり期待できないでしょう。

※出典：LINE キャンパス「LINE の特徴やユーザーを知る」
　URL：https://campus.line.biz/line-ads/courses/user/lessons/oada-1-2-3

LINE公式アカウントの友だち追加の例

図1　クーポンやプレゼントを設けて友だち追加のハードルを下げる

クーポンやプレゼントなどのインセンティブを設けることで友だち追加につなげる

LINEの広告掲載箇所の例

図2　「トークリスト」や「LINE NEWS」など日々何度も目にする面に掲載される

トークリスト

LINE NEWS

> **まとめ**
> - LINEの月間利用者は日本人口の7割以上である約9,700万人
> - LINE公式アカウントはインセンティブを設けて友だち追加のハードルを下げる
> - クローズドなSNSのため、拡散性にはあまり期待できないことに注意

企業アカウントの運用に役立つツール

　SNSの企業アカウントを運用する際、限られた時間とリソースで投稿の管理や分析を行うと煩雑になり、ミスも多くなります。複数のSNSを運用する場合はなおさらです。そんなときに役立つツールを紹介します。

Belugaスタジオ：SNS投稿一元管理システム

　Belugaスタジオは、X（旧：Twitter）、Facebook、Instagramのアカウント運用を一元管理できるツールです（図1）。日々の投稿管理から分析、レポート作成まで行うことができます。投稿管理では承認ワークフローを採用しており、投稿予約をした場合でも、決められた承認者が承認をしないかぎり投稿は行われません。これにより、最終確認者以外が入稿作業を行いながらも、入稿ミスによる事故を防ぐことができます。また、自社アカウントだけでなく競合アカウントと比較して分析することも可能です。フォロワー数の推移や各投稿のエンゲージメント、いいね数などの基本的な数値も取得できるため、Belugaスタジオでレポート作成まで行えます。また、フォロー＆リポストキャンペーンなどのSNS上のキャンペーンも、Belugaスタジオで設定・実施が可能です。

Social Insight：SNS業務を効率化する分析・運用ツール

　Social Insightは、Belugaスタジオと同様にアカウント運用を一元管理できるツールです（図2）。Social Insightは日々の投稿管理に加えて、キーワードを登録し、SNS上でのそのキーワードへの関心の大きさを調べることができます。キーワードの発言数などの日時推移を測定することで、より詳細な投稿の分析が可能になります。また、ネガティブなキーワードも測定が可能なため、炎上の兆候を早期に発見し、素早く鎮静化を図ることもできます。さらに「いつ投稿するとユーザーの反応が良いか」を図表で確認できるため、日々の分析や投稿時間の決定に役立てられます。

　以上のようなツールは非常に便利ですが、投稿ミスや炎上リスクを完全に回避できるわけではありません。「投稿内容に誤りはないか」「投稿日時やアカウントに誤りはないか」の確認として、複数人での確認体制を設けたり、確認事項を記載したチェックリストを定めたりするなど、リスクを限りなくゼロにできるように努めましょう。

企業アカウントの運用に役立つツール①

図1 Beluga スタジオ

出典：https://www.uniquevision.co.jp/service/beluga/

企業アカウントの運用に役立つツール②

図2 Social Insight

出典：https://sns.userlocal.jp/

> **まとめ**
> - ▶ 企業アカウントを運用する際には、SNS投稿管理ツールの利用がおすすめ
> - ▶ Beluga スタジオは、投稿管理から分析、キャンペーンの実施まで可能
> - ▶ Social Insight は、投稿管理に加えて、より詳細な分析が可能

Column

インフルエンサーマーケティングについて

■ インフルエンサーマーケティングとは

インフルエンサーマーケティングとは、主に SNS で大きな影響力を持つ**インフルエンサー**に依頼して、商品やサービスを紹介してもらい、フォロワーへ情報を拡散する手法です。企業がテレビ広告（CM）などを通じて消費者に情報を発信する従来のマーケティングと異なり、インフルエンサーマーケティングではインフルエンサーが自ら商品やサービスを体験し、感想を発信します。消費者の視点を取り入れた感想に対して、消費者は共感や信頼感を覚えやすいため、商品やサービスの認知拡大や購買意欲の向上を図る手法として注目されています。ただし、リスクもあります。例えば、起用したインフルエンサーがブランドイメージと大きく乖離していると、ファンが離れる恐れがあります。

■ インフルエンサーの種類と特性

インフルエンサーは、SNS のフォロワー数によって分類されます（図1）。**メガインフルエンサー**は影響力が大きく、メガインフルエンサーをフォローしている別のインフルエンサーによる二次拡散も見込めます。そのため、メガインフルエンサーによって発信された情報は爆発的に拡散しやすい特徴があります。**ミドルインフルエンサー**は、コスメや料理などの特定の分野で知名度や影響力があるのが特徴です。特定の分野に特化したマーケティングを行うのであれば、ミドルインフルエンサーの協力を得ることで、大きな効果が期待できます。**マイクロインフルエンサー**は特定の分野で知名度や影響力がありつつ、フォロワーとの距離感が比較的近いことから、共感を得られやすいことが特徴です。**ナノインフルエンサー**はフォロワー数は比較的少ないものの、友達感覚でのつながりが多いため、投稿への反応率が高くなる傾向があります。

図1　フォロワー数に応じた拡散力とフォロワーとの距離

デジタルマーケティングの結果を評価する

継続的に成果を上げるためには、施策の実施後にその結果を評価することが重要です。本章では、評価時に有用なツールやレポーティングのノウハウについて解説します。

Chapter 6

6-1

デジタルマーケティングに
かかわるデータを収集する

デジタルマーケティングの結果を客観的に評価し、その後の Action（改善）につなげていくためには、データの収集が不可欠です。

収集すべきデータを見極める

収集したデータにもとづいて行うマーケティングを**データドリブンマーケティング**と呼びます。データドリブンマーケティングを効果的に行うには、目的に応じて「収集すべきデータ」を見極め、適切な方法で収集することが重要です。収集すべきデータとは「KGI・KPI の測定に必要なデータ」や「施策の効果検証や仮説の立証に必要なデータ」のことを指します。明確な目的がないまま「自社サイトのすべてのリンククリックを計測する」「すべての Web ページのスクロールを 10％きざみで計測する」などのように、粒度の細かいデータを網羅的に集めるのはやめましょう。不要なデータを収集すると、余計なコストがかかったり、必要なデータを分析・活用する際にデータの絞り込みが大変になったりする恐れがあります。

データを収集する方法

自社のメディアのデータを収集したい場合、一般的には**アクセス解析ツール**と呼ばれるツール（代表例：Google アナリティクス）を利用します。広く利用されているアクセス解析ツールの多くは、Web サイトに**タグ**と呼ばれる HTML のコード（**図1**）を追記したり、モバイルアプリに**SDK（ソフトウェア開発キット）**と呼ばれるパッケージを実装したりして、データを計測します。また、インターネット広告の成果をはかる際も、各広告ツール（Google 広告、Yahoo!広告など）が発行するタグを用います。そのため、1 つの Web ページに複数のタグが記述されることもよくあります。一方で、多数ある Web ページごとにタグを記述すると、管理が難しくなり、更新時の作業が膨大になります。こうした状況を避ける手段が**タグ管理ツール**の利用です。その他にデータを収集する方法には、アンケートやインタビューのような定性的なデータを得やすい方法、外部企業が提供するパネルデータの購入のような、インターネット全体におけるユーザーの行動の概要がつかめる方法もあります。これらの方法は、アクセス解析ツールでは収集が難しいデータが集められる一方で、相応のコストがかかるため、必要に応じて導入しましょう（**図2**）。

「タグ」と呼ばれる HTML のコード

図1 タグの例（Google アナリティクス）

```
<!-- Google tag (gtag.js) -->
<script async src="https://www.googletagmanager.com/gtag/js?id=TAG_ID✎"></script>
<script>
  window.dataLayer = window.dataLayer || [];
  function gtag(){dataLayer.push(arguments);}
  gtag('js', new Date());

  gtag('config', 'TAG_ID✎');
</script>
```

タグ管理ツール

多数のWebページのデータを、タグを利用して収集する際に利用します（代表例：Google タグ マネージャー）。Webページにタグ管理ツールのタグを1つだけ入れておけば、タグ管理ツールの管理画面から自由にタグを追加・更新・削除できます。ぜひ導入してみてください。

データを収集する方法を検討する

図2 それぞれの方法のメリット・デメリット

データの収集方法	概要	メリット	デメリット
アクセス解析ツール	自社のWebサイトやアプリへのアクセスデータを収集する	・低コストで多くのサンプルを得ることができる ※有償のツールを利用する場合は、他の方法と同様にコストがかかる	・定性的なデータを取得しづらい ・自社の管轄範囲外のデータを取得できない
アンケート／インタビュー	ユーザーに直接質問する	・定性的なデータが取得しやすい ・質問と回答を繰り返すことで、ユーザーのことを深掘りできる	・金銭的・時間的にコストがかかる ・多くのサンプルを得ることが難しい
外部企業が提供するパネルデータの購入	野村総合研究所、ニールセンなどからパネルデータ（同一のユーザーを継続的に観察したデータ）を購入する	・競合他社サイトも含む、インターネット全体におけるユーザーの行動の概要がつかめる	・金銭的なコストが発生する ・詳細なデータを取得することが難しい

※目的に見合った方法を選択する（組み合わせる）ことが重要です。

まとめ

► 目的に応じて収集すべきデータを見極め、適切な方法で収集することが重要

► Webサイトのデータの収集には、HTML のタグが用いられる

► タグ管理ツールを導入することで、タグの管理・運用が効率的になる

6-2

Google アナリティクスと Firebase を利用する

Google アナリティクスと Firebase は、デジタルマーケティングデータの収集における、代表的なツールです。

ユーザーのトラッキング（追跡）が可能な「Google アナリティクス」

Google アナリティクスは、Web サイト／モバイルアプリのユーザーのデータを収集・保存し、分析・活用するためのツールです。モバイルアプリのユーザーのデータは、後述の Firebase と連携することで確認できるようになります。Google アナリティクスでは、以下のデータを一貫してトラッキング（追跡）できます（**図1**）。

- **集客**：どのようなメディア（例：検索エンジン、ソーシャルメディア、インターネット広告）から、ユーザーが来訪しているか
- **回遊**：Web サイト／モバイルアプリで、ユーザーがどのような行動をしているか
- **目的／目標**：企業がデジタルマーケティングの目的としている「商品の購入」「問い合わせ」などの目標値を、ユーザーが達成しているか

トラッキング（追跡）したデータは、標準で用意されているレポートや、任意の条件を組み合わせて作成したカスタムレポートを用いて分析できます（**図2**）。また、インターネット広告配信時にターゲットユーザーを絞り込む際の条件として活用することも可能です。Google アナリティクスは Google アカウントを所有していれば、基本的には誰でも無料で利用できます（企業向けの有償版もあり）。自社の Web サイト／モバイルアプリに導入されている場合は、管理者から自身の Google アカウントに閲覧者権限を付与してもらい、ぜひデータを確認してみてください。

モバイルアプリの開発・マーケティングに便利な「Firebase」

Firebase は、Google社が提供しているモバイル／ Web アプリケーション開発プラットフォームです。Firebase にはモバイルアプリのデータの収集やプッシュ通知の送信といった、モバイルアプリの開発およびデジタルマーケティングに便利な機能が多数あります。Firebase は、データの収集機能だけであれば、Google アナリティクスと連携することで、無料で利用できます。

Google アナリティクスでデータを収集・可視化する

図1　Google アナリティクスによるデータの処理の例

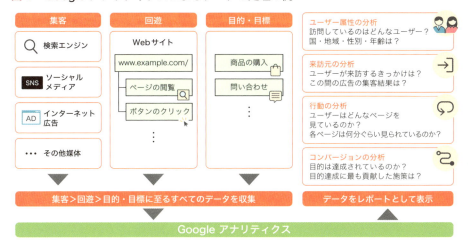

データをグラフやチャートで確認できる「レポート」

図2　Google アナリティクスのレポート画面の例

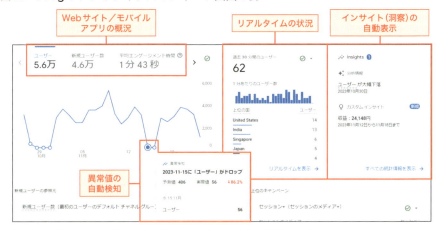

※ Google アナリティクスは「https://analytics.google.com/」からアクセスできます。

> **まとめ**
> - Google アナリティクスでは、データの収集・保存・可視化・活用が可能
> - Firebase は、モバイルアプリの開発とマーケティングに便利なツール
> - Google アナリティクスと Firebase は無料で利用可能

119

6-3

Microsoft Clarity を利用する

　Microsoft Clarity は、Microsoft 社が提供している無料のツールです。Microsoft Clarity では**ダッシュボード、レコーディング、ヒートマップ**という 3 つの機能を利用して、Web サイトの分析を行うことができます。

ダッシュボードで Web サイトの健康診断を行う

　ダッシュボードでは、ユーザーの数や訪問回数、各訪問で閲覧されたページ（URL）の数の平均値など、Web サイトの概況が確認できます。また **Rage clicks（イライラしたクリック）、Dead clicks（デッドクリック）、Excessive scrolling（過剰なスクロール）、Quick backs（クイックバック）**などの指標をもとに健康診断も可能です（図1）。後述のレコーディング機能で、それらの操作を行ったユーザーの行動を再生できるため、UI/UX に問題がないか、定期的に確認することをおすすめします。なお、Google アナリティクスと連携し、確認できる指標の幅を広げることも可能です。

レコーディングでユーザーの行動を再生する

　レコーディングでは、Web サイトを訪問したユーザーの行動が録画された動画を再生して、スクロールやクリックがどのように行われたのか観察できます。また、マウスカーソルの動きも再現できるため、定量的なデータからは読み取ることが難しい、リアルなユーザーの行動を確認できます（図2）。想定しているユーザーの行動と、リアルな行動のギャップを確認したいときに便利な機能です。

ヒートマップでユーザーの行動を可視化する

　ヒートマップでは、Web サイトを訪問したユーザーがクリックした要素（例：リンク、バナー）や、スクロールの状況を視覚的に捉えることができます（図2）。リンクではないのにクリックされている箇所や、ユーザーの読了状況を把握することで、コンバージョンの導線をはじめとする UI/UX の改善につなげることができます。前述のレコーディングも含め、Google アナリティクスのようなツールではこのような定性的な分析が行いづらいため、Microsoft Clarity をはじめとするヒートマップツールも併用されるケースがあります。

Webサイトの健康診断をする

図1 Webサイトの健康診断ができる「ダッシュボード」

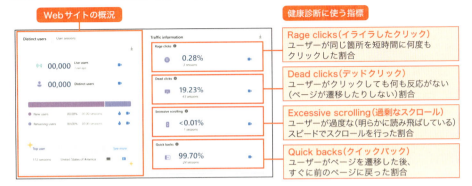

※ Microsoft Clarityは「https://clarity.microsoft.com/」からアクセスできます。

ユーザーの行動を観察する

図2 ユーザーの行動を観察できる「レコーディング」と「ヒートマップ」

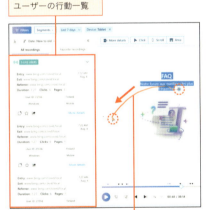

まとめ

- ▶ 「ダッシュボード」「レコーディング」「ヒートマップ」という3つの機能がある
- ▶ ダッシュボードでは、Webサイトの概況確認や健康診断を行うことができる
- ▶ レコーディングとヒートマップでは、ユーザーの行動を視覚的に捉えられる

6-4

収集したデータを保管する

マーケティング施策では会員情報や購入履歴、Web サイトの行動ログなどさまざまなデータを収集します。データを集約すると、多角的に分析できるようになります。

DWH（データウェアハウス）を利用してデータを保管・活用する

企業が収集したユーザーの会員情報や実店舗の購入情報、Google アナリティクスなどのデータは、それぞれ異なる**データベース**で管理されます。データベースは共通した構造を持つデータの集まりです。個々のデータベースでは「特定のキャンペーンの効果はあったか」などの分析を十分に行うことができない場合があります。そういった場合は **DWH（データウェアハウス）** の構築が有効です（図1）。DWH では、収集したデータを検索・可視化・分析するために集約し、大量に保管できます。また、時系列順にデータを保存することで、期間別のデータ集計や過去データとの比較が可能です。さらに取得元が異なるデータを統合できるため、例えば社内で保管している会員情報と、Web サイトの行動データを統合することで「特定の会員がどのキャンペーンから Web サイトにアクセスしているのか」といったデータも確認できるようになります。

DWH（データウェアハウス）活用時の留意点

マーケティングの用途で DWH を構築する場合は、個人情報のようなセンシティブなデータは格納しない、あるいはそういったデータにアクセスできるユーザーを限定することをおすすめします。また、データが膨大な場合はコストや利便性を考慮して、加工前のデータは**データレイク**と呼ばれる領域に保存し、DWH には分析・活用に必要な加工済みのデータだけを保存しましょう（図2）。DWH に加工（整理）されたデータを保存しておくことで、複数システムから集約したデータを高速で処理・可視化できるようになります。注意点として、DWH の主要な機能は分析に使用するデータの保管なので、データをさまざまな形式で可視化したい場合は、データの抽出や他サービスとの連携が必要になります。最近では、DWH と直接接続できるデータビジュアライゼーションツールが登場し、専門的な知識がなくても直感的に表やグラフを作成できるようになりました。また、DWH の機能を内包したサービスも存在し、Google Cloud の BigQuery というサービスでは、データの保管とあわせて機械学習を活用した高度なデータ分析なども行えます。

DWH（データウェアハウス）でデータを保存する

図1　DWH（データウェアハウス）の機能

データの統合・整理
個別に保存されていた複数のデータを集約し、統合する

時系列データの保存
時系列ごとの推移や過去データとの比較を確認する

データの保管
長期的な分析が可能

分析用データの作成
分析用のデータソースを**データマート**という
分析に必要なデータのみを抽出し、個別のデータとして保存することで、データの可視化作業を効率化する

データレイクとDWH（データウェアハウス）を活用する

図2　データ収集からデータ可視化までの流れ

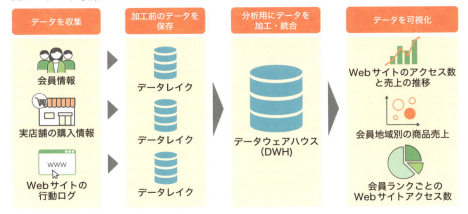

> **まとめ**
> ▶ DWH（データウェアハウス）は、さまざまなデータを保管する情報の倉庫
> ▶ コストや利便性を考慮し、DWHには分析・活用に必要なデータだけを保存する
> ▶ DWHを外部のツールと連携することで、集約したデータを柔軟に可視化できる

6-5

オンプレミスとクラウド

　収集したデータを保管する環境として、**オンプレミス**と**クラウド**があります（図1）。サーバーやネットワーク機器、アプリケーションなどを自社で購入・運用する方式をオンプレミス、外部の事業者が提供するサーバーやアプリケーションをインターネット経由で使用する方式をクラウドと言います。

オンプレミスとデータ

　オンプレミスは、ハードウェアやソフトウェアを自社で保有するため、システムの柔軟なカスタマイズや、独自のセキュリティ対策が可能です。そのため、電話番号や口座番号といった個人情報や、契約書などの社外秘の書類データは特にオンプレミスで保管するケースがあります。また、自社の高度な要件に合わせた顧客管理システムを構築する場合は、オンプレミスの利用が必要となる可能性があります。なお、初期導入や運用・管理に必要なコストはクラウドと比べると高くなります。

クラウドとデータ

　クラウドは、サーバー設置やインフラ構築などの設備投資が不要で、使用したサービスの利用分だけを月額料金制（従量課金制）で支払う課金体系が主流です。企業は事前に用意された環境を使用するため、初期導入や運用コストが低く、また災害に備えて複数の地域に分けてデータを保管できます。一方、クラウド事業者から提供された範囲内でしかカスタマイズやセキュリティ対策ができない点に注意が必要です。

　オンプレミスとクラウドを両立させる「ハイブリッド型」を採用することで、運用コストを抑えながら双方のメリットを享受できます。例えば、実店舗の顧客データや購入履歴と、Webサイトの行動ログを組み合わせて、オフラインとオンラインをまたいだ顧客の行動を分析する場合にハイブリッド型を利用します（図2）。まず、実店舗の顧客データは住所やカード情報など機密性の高い情報も含まれるため、オンプレミスで保管します。次にWebサイトのデータの収集・保管にはクラウドを利用し、オンプレミスから分析に必要な顧客データのみをクラウドに連携します。クラウド内でそれぞれのデータを統合することで、実店舗の購入に貢献したWebサイトのキャンペーンなどを発見できます。また、データの分析結果を可視化したレポートを作成して社内に共有したり、分析結果をもとにインターネット広告を配信したりといった対応も可能となります。

オンプレミスとクラウドの違い

図1　機能別の特徴

	オンプレミス	クラウド
コスト	初期導入コストは高い 運用コストとして、システムを継続するための管理費や人件費が発生	初期導入コストは低い 運用コストとして、サービス利用量に応じた費用が発生
カスタマイズ	自由にカスタマイズ可能	提供されているサービス範囲内でカスタマイズ可能
セキュリティ	自社で独自のセキュリティを設定可能	クラウド事業者から提供されている範囲でセキュリティを設定可能
災害復旧	サーバーを管理している地域が被害を受けた場合、復旧は困難	複数の地域にサーバーが分散しているため復旧は容易
障害対応	自社内で対応するため負担は大きい	クラウド事業者が対応するため負担は小さい

※マーケティングの領域ではクラウドが主流ですが、収集・保管するデータの内容や予算などを加味して、どちらを利用するか判断することが重要です。

オンプレミスとクラウドを両立させる「ハイブリッド型」

図2　実店舗の顧客データとWebサイトの行動ログを組み合わせたデータ分析の流れ

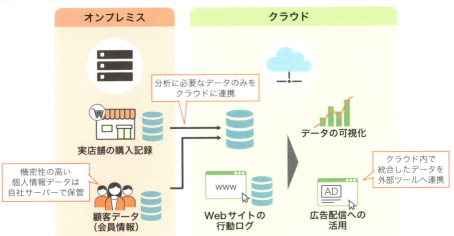

まとめ

- オンプレミスは、自社で環境を構築・運用する方式
- クラウドは、クラウド事業者が提供する環境をインターネット経由で利用する方式
- ハイブリッド型を採用することで、双方のメリットを享受できる

6-6

主要なクラウドプラットフォーム

デジタルマーケティングにおいて、クラウドプラットフォームは Web サイトの構築や顧客情報の管理、データの分析などを支える重要な役割を担います（図1）。

Amazon Web Services

Amazon.com 社が運営するクラウドプラットフォーム **Amazon Web Services（AWS）**の特徴は、さまざまなニーズに応じた豊富なサービスと、シンプルな操作で一時的なリソースの増加などを設定できる点です（図2）。自社に合った環境で自由度の高い開発ができるため、さまざまなアプリケーションのシステムやデータベースに使用されています。世界シェア率 No.1 のクラウドプラットフォームであり、日本語で書かれた参考記事や書籍も豊富なため、イチからクラウドプラットフォームの利用を始める場合に選ばれやすいサービスです。

Microsoft Azure

Microsoft 社が運営するクラウドプラットフォーム **Microsoft Azure** の特徴は、Microsoft 製品との親和性が高い点です。Windows・Office などを利用しているシステムをクラウド環境へスムーズに移行できます。また、物理的なデータセンターにも厳しいアクセス制限を適用した強固なセキュリティも特徴で、個人情報などの機密性の高い情報を保管するシステムにも利用できます。そのため、大企業や官公庁などで使用されています。

Google Cloud

Google 社が運営するクラウドプラットフォーム **Google Cloud** の特徴は、Google アナリティクスや Google 広告などの Google のマーケティングツールと容易に連携できる点です。また、データ分析や機械学習に関するサービスが充実しており、中でも **BigQuery** というサービスは、大規模かつ高速なデータ処理にも対応可能で、コカ・コーラ ボトラーズジャパン株式会社による、約 70万台の自動販売機の分析・機械学習・予測プラットフォームの構築などに利用されています[※]。

※出典：Google Cloud ブログ「コカ・コーラ ボトラーズジャパン：約 70万台の自動販売機の分析・機械学習による予測プラットフォーム構築を短期間で実現」
URL：https://cloud.google.com/blog/ja/topics/customers/coca-cola-bottlers-japan

主要な3つのクラウドプラットフォーム

図1 「AWS」「Microsoft Azure」「Google Cloud」の概要

	AWS	Microsoft Azure	Google Cloud
運営会社	Amazon.com社	Microsoft社	Google社
シェア率※	30%	26%	9%
特徴	・世界シェア率No.1 ・200個を超えるサービスを提供 ・日本語のドキュメントが豊富	・Microsoft製品との相性が良い ・セキュリティが高い ・業界別のガイドラインを提供	・データ分析のサービスが充実 ・Googleのマーケティングツールとの相性が良い
利用ケース	・Webコンテンツ構築、CRM（顧客関係管理）、データ分析などの多様なサービスを利用する	・Office 365などのMicrosoft製品と連携する ・個人情報などの機密情報を利用する	・大規模かつ高速処理が必要なデータを分析する ・Google アナリティクスなどのデータと連携する

※出典：米 Synergy Research Group 及びシンガポール Canalys による調査レポート
URL：https://www.canalys.com/newsroom/global-cloud-services-q2-2023

UI上の操作でサービスを利用できるクラウドプラットフォーム

図2 AWSの画面イメージ

目的に合わせたさまざまなサービスが利用可能

まとめ

▶ AWSは、サービスの幅広さやカスタマイズ性に優れていて、シェア率No.1
▶ Microsoft Azureは、Microsoft製品との親和性が高い
▶ Google Cloudは、データ分析や機械学習に関するサービスが豊富

6-7
ビッグデータとデータエンジニアリング

ビッグデータは、文字通り巨大なデータという意味です。リアル空間やデジタル空間(インターネット上)で収集する膨大なデータのことを指します(図1)。

ビッグデータとデジタルマーケティング

デジタル空間のデータにはWebサイトへのアクセス履歴や会員情報だけでなく、画像・動画・テキストデータといったあらゆるデータが含まれます。デジタルマーケティングにおいては、これらのビッグデータを「素早く処理・活用できるかどうか」が重要になります。対象となるビッグデータがどのようなデータから構成されているかを理解し、分析や活用に必要なデータのみを抽出・利用するようにしましょう。また、ビッグデータを取り扱う際は、膨大なデータの管理・保守やセキュリティ対策が必要です。特に昨今では個人情報保護への注目が高まっており、それ単体では個人に関連づけられないデータでも、慎重な管理が求められます。

データの分析・活用基盤を構築する「データエンジニアリング」

膨大なデータを眺めるだけでは、マーケティングに有用な示唆は得られません。ビッグデータを活用するには、データをどう収集・加工・管理し、どういった切り口で分析するかを考える必要があります(図2)。データ分析や機械学習などの目的で、データを収集・加工・管理することを**データエンジニアリング**と言います。デジタルマーケティングとデータエンジニアリングは密接に関わります。例えば、顧客ニーズに合った広告配信を実施する場合、データの分析や広告配信の設定はデジタルマーケティング担当が行い、データの収集・加工・管理作業や分析基盤の構築はデータエンジニアリング担当が行います。このデータエンジニアリングのスキルを持つ技術者を**データエンジニア**と呼びます。よく混同される職種に**データサイエンティスト**がありますが、違いは以下の通りです。

- データエンジニア:主にデータの分析基盤の構築やデータの収集・加工・管理を行います。データの分析を行う場合もありますが、主ではありません。
- データサイエンティスト:収集されたデータをさまざまな視点から解析し、ユーザーの行動の規則性や将来的なニーズなどを見つけて問題解決の糸口を発見し、マーケターへの提案を行います。➡詳しくは **6-16**

ビッグデータの特徴

図1　ビッグデータの「5V」

Volume（量）
ペタバイト※単位の膨大なデータを取り扱う

Velocity（速度）
データの生成や処理の速度が速いリアルタイムのデータ処理が可能

Variety（種類）
従来扱っていた表形式のデータ以外に、文章・画像・音声といったデータも含まれる

Value（価値）
大量で多様なデータを利活用し新しい価値を生み出す

Veracity（正確さ）
間違った情報が含まれていない客観的に正確な情報が求められる

※ペタバイトは、100万ギガバイトにあたる

データエンジニアリングとデータサイエンス

図2　データの収集からデータの利用までの流れ

データエンジニアリング			データサイエンス
データの収集	データの加工	データの管理	データの利用

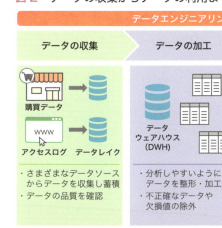

- さまざまなデータソースからデータを収集し蓄積
- データの品質を確認

- 分析しやすいようにデータを整形・加工
- 不正確なデータや欠損値の除外

- 加工前の生データや加工後データ（データマート）を管理・保管
- データのセキュリティ対策

- 加工後のデータを可視化・分析
- 問題解決の糸口を提案

データエンジニアの業務 ／ データサイエンティストの業務

6　デジタルマーケティングの結果を評価する

まとめ

▶ ビッグデータとは、オンライン・オフラインで収集した膨大かつ多様なデータ
▶ マーケティングでは、ビッグデータを素早く処理・活用できるかがポイントになる
▶ ビッグデータの活用には、データエンジニアリング（収集・加工・管理）が必要

データをレポーティングする

レポーティングとは、マーケティング活動の成果や評価などの、企業が最適な意思決定をする上で必要な情報をまとめることです。

目的を明確にする

レポーティングは、「売上の増加」「シェアの拡大」「ブランド力の向上」などの企業が達成したいマーケティング活動の目的が、達成されているかを評価するために行います。レポーティングによって、事業や施策の状況を可視化できるため、マーケティング活動に携わるメンバーが同じ尺度で現状や成果を把握できます。レポーティングを行う際は、誰にどんなタイミング・頻度・目的でレポーティングを行うかを明確にしてまとめることが大切です。例えば「経営層にキャンペーンの成果を月次で報告し、今後の予定アクションに対する是非を問うこと」が目的だとします。この場合、KGI・KPIの達成状況や各種データの日次・月次推移、担当者の考察などを整理したダッシュボードを用意し、適切な意思決定に役立てます。こうしたレポーティングは、顧客の傾向やニーズの把握、課題の発見に役立ち、マーケティングにおけるPDCAの「Check（評価）」「Action（改善）」フェーズを後押しします。

ツールを利用する

レポーティングを行う手段はさまざまです。例えば、Excelなどの**ビジネス用ソフト**や標準でレポートが用意されている**アクセス解析ツール**、テンプレートで簡単にレポートを作成できる**レポーティングツール**があります（図1）。各手段の特徴を踏まえ、レポーティングしたい内容にあったツールを利用しましょう。例えば、Webサイトのアクセスログのレポーティングにアクセス解析ツールを利用する場合、ツールに標準でレポートが用意されているので、手軽に分析できます。ただし、用意されたレポートから必要なデータを探したり、ツールの機能を活用してレポートをカスタマイズしたりするには、そのツールの高度な知識が必要です。ツールの理解度によって分析の粒度や品質にばらつきが出ると、集めたデータをうまく活用できません。この場合はレポーティングツールを利用しましょう（図2）。データが多くて複雑でも、目的にあったテンプレートを選択すれば、誰でも比較的簡単にレポートを作成できます。レポートの操作性やわかりやすさも向上が見込めるので、関係者にも抵抗なく使ってもらいやすくなります。

レポーティングの手段を検討する

図1　レポーティング手段の比較

比較項目	ビジネス用ソフト	アクセス解析ツール	レポーティングツール
代表例	・Excel ・PowerPoint　・Numbers	・Google アナリティクス ・Adobe Analytics　・KARTE	・Looker Studio ・Tableau　・Power BI
コスト	・業務端末にインストールされているケースが多く、追加の費用を抑えられる	・無料のツールもあるが、ツールによっては費用が発生する	・無料のツールもあるが、ツールによっては費用が発生する
カスタマイズ性	・自由なレイアウトで表やグラフが作成可能	・ツールによってはレポートをカスタマイズする機能がある ・レポートの内容によっては、高度な知見が必要となったり、ツール内で上手く可視化できなかったりする場合がある	・比較的簡単な操作で、デザイン性の高い表やグラフが作成可能 ・レポートの内容によっては、高度な知見が必要となる場合がある
可視化可能なデータソース	・さまざまな種類のファイルやデータベースからデータを連携可能	・データソースは、利用しているツールで収集しているWebサイトやモバイルアプリのアクセスログに限られる	・さまざまなツールやサービスと連携可能
利用可能なフォーマット	・一度レポートを作成すれば、テンプレート化できる	・収集したデータを標準で確認できるレポートがある	・目的に応じたテンプレートが用意されている

レポーティングツールを利用する

図2　レポーティングツールの例

Looker Studio

・Google 社が提供する、無料のレポーティングツール
・Google のサービスを中心にさまざまなデータソースと簡単に連携でき、テンプレートも豊富

● Looker Studio：
https://cloud.google.com/looker-studio?hl=ja

Tableau

・比較的低価格から利用が可能なレポーティングツール
・選択したデータに対して最適なグラフを自動で表示するほか、マウスの簡単な操作のみでレポートを作成できるように設計されていて、初心者でも利用しやすい

● Tableau：
https://www.tableau.com/ja-jp

まとめ

▶ レポーティングは、課題を把握し、改善策や今後の計画を立てるために重要
▶ レポーティングを行うことで、事業や施策の状況と成果を把握しやすくなる
▶ レポーティングの内容にあった手段を選択することで、業務の効率化が見込める

6-9

データの属性と指標

デジタルマーケティングでは、**属性**と**指標**を組み合わせて施策の評価・効果測定を行います（**図1**）。

属性は分析軸

属性は「ディメンション」とも呼ばれるデータの分析軸で、顧客・商品・Webページなどの特徴を表すラベルです。特に年齢・性別・地域・趣味嗜好・購入履歴などの顧客の特性や情報を、顧客属性と呼びます。その他にも、商品や商品のカテゴリ、閲覧されたページや流入経路などが属性として集計されます。

マーケティング施策の効果測定は、PDCAを回す上で欠かせません。施策の実施だけではなく、効果測定を行って検証することで「施策の目的は達成できたか」「改善点は何か」を把握したり、新たなニーズを発見したりでき、より効果的なマーケティングへつなげられます。アクセス解析ツールなどを導入し、分析軸となる属性データを多く収集することで、より詳細かつ精緻な効果測定を行えます。

指標は定量的な尺度

指標は顧客・商品・Webページなどに関する定量的なデータや数値です。デジタルマーケティングにおいては、事業や施策の状態と成果を測る尺度として活用されます。例えば、売上や収益・購入回数・アクセス数などが指標として集計されます。これらの指標をユーザーの年代や流入経路などのさまざまな属性と組み合わせると、事業や施策の効果、傾向を多角的に分析できます。そういった分析から、施策が成功したのかを判断したり、ビジネスの目的達成にどう影響したかを把握したりすることで、その後のアクションに役立ちます（**図2**）。

指標はKGI・KPIの設定にも利用されます。施策の成果を公平に判断するためには、具体的な指標の数値を用いた判断基準を設けることが重要です。例えば「自社サイトのアクセス数を増やす」のような漠然とした目標より、「自社サイトに新規ユーザーを5千人以上集客する」のような具体的に数値化された目標のほうが、どの施策に注力するか、どの施策をやめるかなど、事業や施策を改善するための意思決定をしやすくなります。このように、ビジネスやマーケティングの具体的な目標設定や評価を行う上で欠かすことのできない要素が指標です。

属性と指標のイメージ

図1　属性と指標を組み合わせたレポートの例

属性		指標			
商品名	ユーザーのタイプ	商品の閲覧数	カートへの投入率	購入数	収益
Tシャツ	リピーター	160	28.6%	34	¥170,000
ソックス(白)	リピーター	1,784	30.1%	492	¥1,279,200
ソックス(白)	新規ユーザー	3,321	19.8%	602	¥1,565,200
パーカー	リピーター	49	71.4%	3	¥29,400
ハンドタオル	新規ユーザー	1,987	26.4%	497	¥994,000
ポーチ(M)	新規ユーザー	2,134	22.7%	365	¥1,095,000
ポーチ(S)	リピーター	862	33.7%	153	¥275,400
ポーチ(S)	新規ユーザー	1,638	10.5%	109	¥196,200

※属性は分析軸、指標は定量的な尺度と考えることができます。

マーケティング施策を評価する

図2　属性と指標を組み合わせて、効果測定を行う

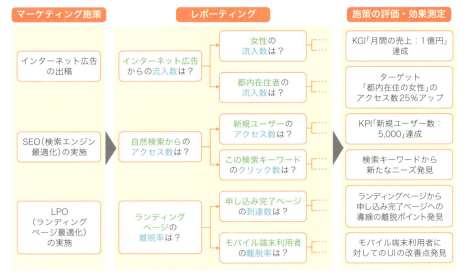

※緑色の文字は属性、水色の文字は指標を表します。

まとめ

- ▶ 属性はデータの分析軸で、顧客・商品・Webページなどの特徴を表すラベル
- ▶ 指標は計測可能な尺度で、定量的なデータや数値
- ▶ 属性と指標を組み合わせることで、施策の評価・効果測定を行える

6-10

指標「ユーザー」と「セッション」とは

Webサイトやアプリへの流入がどれくらいあったかを表す指標として、**ユーザー**と**セッション**という指標があります。

訪問者数と訪問数

ユーザーは、Webサイトやアプリに何人が訪れたかをカウントする「訪問者数」を表す指標です。Webサイトはアクセスがあった「デバイス×ブラウザ」の数、アプリはアクセスがあった「デバイス」の数を表すことが多いです。なぜなら、デバイスやブラウザをまたぐアクセスは、原則同一ユーザーによるアクセスとしてカウントできないためです（図1）。

セッションは、ユーザーがWebサイトやアプリに訪れた回数をカウントする「訪問数」を表す指標です。1回の訪問で複数の画面を閲覧しても、セッションのカウントは1となります（図2）。

ユーザーとセッションからわかること

ユーザーを年齢・性別などの属性情報と組み合わせると、どのようなユーザーがWebサイトやアプリを訪問しているかを分析できます。例えば、ターゲットとしているユーザーと、実際に訪問しているユーザーを定期的に比較することで、施策の修正に役立てられます。このように**ユーザーは、どのようなユーザーがどの程度アクセスしているかわかる指標**と言えます。また、ユーザーは一定期間単位で分析する場合が多いため、1カ月でサービスを1回以上利用したユーザー数を表す**MAU(Monthly Active Users)**などの指標があります。フリマアプリ「メルカリ」では、決算説明会でMAUをKPIとしている旨が公表されています。

セッションはキャンペーンなどの流入経路に関する属性と組み合わせて、どの施策やページからの集客が多いかを分析できます。例えば、検索エンジンから流入したセッションが少なければSEO対策に注力するなど、Webサイトやアプリの目的達成に寄与する集客の方針を決める際に活用できます。ユーザーとセッションを組み合わせることで、1人当たりの訪問数を分析することもできます。1人当たりの訪問数が多ければ、その分ユーザーの関心が高いと考えられます。したがって**セッションはWebサイトやアプリの集客力や、ユーザーからの関心の強さをはかる指標**と言えます。

ユーザーのカウント方法

図1　1人が「PC (Google Chrome)」「PC (Microsoft Edge)」「スマホ (Google Chrome)」でWebサイトにアクセスした場合のユーザーのカウント

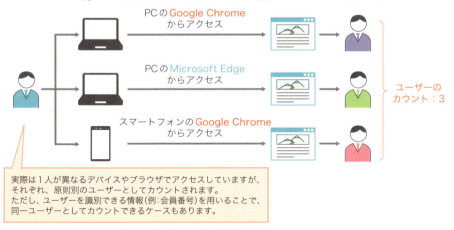

実際は1人が異なるデバイスやブラウザでアクセスしていますが、それぞれ、原則別のユーザーとしてカウントされます。
ただし、ユーザーを識別できる情報(例:会員番号)を用いることで、同一ユーザーとしてカウントできるケースもあります。

※ユーザーは、ユニークユーザー数(UU数)と表記することもあります。

セッションのカウント方法

図2　ユーザーの行動とセッションのカウント

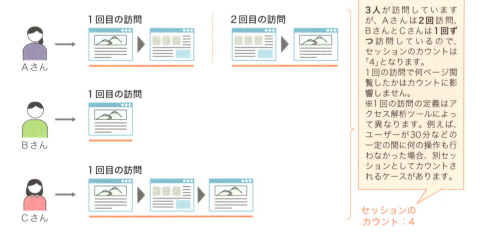

3人が訪問していますが、Aさんは2回訪問、BさんとCさんは1回ずつ訪問しているので、セッションのカウントは「4」となります。
1回の訪問で何ページ閲覧したかはカウントに影響しません。
※1回の訪問の定義はアクセス解析ツールによって異なります。例えば、ユーザーが30分などの一定の間に何の操作も行わなかった場合、別セッションとしてカウントされるケースがあります。

まとめ

- ユーザーは訪問者数、セッションは訪問数をカウントする指標
- ユーザーは、どのようなユーザーがどのくらいアクセスしているかがわかる指標
- セッションは、集客力やユーザーからの関心の強さをはかることができる指標

6-11
ページビューと
スクリーンビューとは

Web ページやアプリの画面へのアクセスがどれくらいあったかを表す指標として、**ページビュー（PV）**と**スクリーンビュー**という指標があります。

Web ページやアプリの画面がどれだけ閲覧されたかを確認する

ページビューは、**Web サイト内のページの閲覧数**を表す指標です。対してスクリーンビューは、**アプリ内の画面の閲覧数**を表す指標で、ページビューのアプリ版です。ページビューとスクリーンビューのカウント方法はシンプルです。Web サイトやアプリを開いたユーザーが、Web ページやアプリの画面を閲覧するごとにカウントされます。ページビューの場合は、Web ページの更新やブラウザバック（戻るボタンのクリック）で前のページに戻った場合もカウントされます（図1）。

ユーザーが Web サイトを訪れた際に最初にアクセスするページを**ランディングページ**と呼びます。ランディングページとセッションやページビューを組み合わせることで、どのページがユーザーによる Web サイトの回遊の入り口となっているかを分析できます。また、ユーザーが Web サイトから離脱する際に、最後に閲覧したページを**離脱ページ**と呼びます（図2）。

ページビューとスクリーンビューからわかること

ページビューやスクリーンビューからは、ユーザーがどのコンテンツをよく閲覧しているかを把握できます。例えば、EC サイトや情報系サイトの場合は、どの商品や記事がユーザーの関心を得ているかを分析できます。ページビューやスクリーンビューが少ない場合は、コンテンツがユーザーの関心を得ていない、あるいはユーザーが目当てのコンテンツにたどり着く前に離脱してしまっている可能性があります。コンテンツの内容や導線を見直すなどの対策を行いましょう。ただし、Web サイトやアプリの種類・目的によっては、必ずしもこれらの指標の数値が高い必要はありません。例えば FAQ サイトの場合、目的のページにスムーズにアクセスできて内容に満足すれば、ユーザーは他のページを回遊せずに Web サイトから離脱します。Web サイトやアプリの種類・目的によってページビューやスクリーンビューの数値の目安は異なるので、前月比や前年比などの期間で比較を行い、増減の傾向を把握することが大切です。

指標「ページビュー」「セッション」「ユーザー」の違い

図1 ユーザーのWebサイト上での行動とそれぞれの指標のカウント

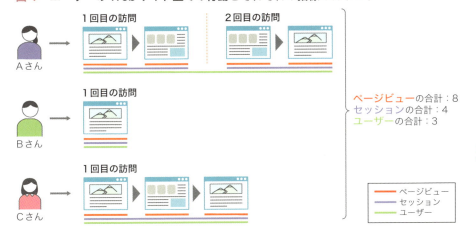

ページの種類を理解する

図2 ランディングページと離脱ページ

離脱数やページビュー数が多い離脱ページを分析し、ユーザーが離脱する要因を調査・改善することで、ユーザーをサイト内に長く留まらせ、商品の売上などにつなげることができます。

まとめ

- ▶ ページビューとスクリーンビューは、よく閲覧されているコンテンツがわかる指標
- ▶ 上記の指標は、ユーザーがコンテンツを閲覧するたびにカウントされる
- ▶ Webサイトやアプリの種類・目的によって数値の目安は異なるため、傾向を把握する

6 デジタルマーケティングの結果を評価する

6-12
コンバージョンと
コンバージョン率とは

Webサイトやアプリの目的が達成されたかを定量的に表す重要な指標として、**コンバージョン(CV)**と**コンバージョン率(CVR)**があります。

目標達成数と目標達成率

コンバージョンは、企業がマーケティング施策を行う際に設定する「商品の購入」「資料請求」などの目標の達成数を定量的に表す指標です。Webサイトやアプリがビジネスの一環で作られている以上、目的を達成しているか、達成している(いない)のであれば何が要因なのかを明らかにして、次の施策につなげる必要があります。KGI・KPIを明確にした上で、「達成したい目標は何か」「ユーザーのどのアクションを成果と見なすべきか」を把握し、適切なコンバージョンを設定することが重要です。

コンバージョン率は、Webサイトやアプリにアクセスしたユーザーや広告をクリックしたユーザーのうち、どれくらいのユーザーがコンバージョンに到達したかの割合を表す指標です(図1)。例えば、年代別にコンバージョン率を確認した場合、コンバージョン率が高い年代が商品やサービスへの関心が高いと考えられます。関心の高い年代をターゲットとした施策を実施することで、コンバージョンの増加が見込めます。制汗剤ブランド「SEA BREEZE」は、長年20代〜30代の男性をターゲットにしていました。しかし、売上の低迷をきっかけにニーズを見直し、ターゲットを女子高校生に変更してマーケティングを展開した結果、再ヒットしました。

コンバージョンとコンバージョン率からわかること

ユーザー属性や流入経路別などのさまざまな分析軸でコンバージョンとコンバージョン率を確認することで、Webサイトやアプリ、あるいは実施している施策の課題を把握できます(図2)。例えば、コンバージョンに貢献しているキャンペーンがわかれば、そのキャンペーンへの投資額を増やす(予算を再配分する)ことができます。また、貢献度の低い施策やコンテンツを確認することで、施策のメッセージ(例:検索連動型広告のテキスト)とWebサイトの内容にギャップが無いか、コンバージョンまでの導線は適切かなどの見直しを行う手がかりになります。したがってコンバージョン率は、コンバージョンに貢献している施策やコンテンツを分析できる指標と言えます。

コンバージョン率の深掘り

図1　コンバージョン率の算出方法

$$コンバージョン率 = コンバージョン \div アクセス数（クリック数）\times 100$$

※例えばコンバージョンを「新規会員登録」としている場合、新規会員登録数が 10、Web サイトへのアクセス数が 800 だとすると、コンバージョン率は「10 ÷ 800 × 100 ＝ 1.25％」と算出できます。

コンバージョンの種類

図2　コンバージョンの種類と特徴

種類	特徴
クリックスルーコンバージョン ビュースルーコンバージョン	**ユーザーの広告に対する行動** • **クリックスルーコンバージョン**：ディスプレイ広告や検索連動型広告を見たユーザーが広告をクリックし、コンバージョンした場合にカウントする • **ビュースルーコンバージョン**：インターネット広告を見てもクリックしなかったものの、一定期間内に別の流入元からコンバージョンした場合にカウントする
直接コンバージョン 間接コンバージョン	**ユーザーがコンバージョンに到達するまでの接点** • **直接コンバージョン**：Web サイトやアプリを訪問したユーザーが離脱せずにコンバージョンすること • **間接コンバージョン**：ユーザーが一旦離脱し、別の流入元からコンバージョンすること
マクロコンバージョン マイクロコンバージョン	**ユーザーの目標達成までの行動** • **マクロコンバージョン**：最終的な目標が達成された際にカウントする • **マイクロコンバージョン**：最終的な目標に到達するまでの各段階に設置した中間目標が達成された際にカウントする

KGI を「今年度の EC サイトの年間売上：1 億円」
KPI を「カートに商品が追加された件数：5 万件」　と設定した場合

・売上に直結する「商品の購入」などの、Web サイトの主要な目的が達成されたときにカウントされるコンバージョン：マクロコンバージョン
・「カートの追加」などの、最終的な目的に至るまでの中間目標が達成されたときにカウントされるコンバージョン：マイクロコンバージョン

まとめ

► コンバージョン（CV）は、目標の達成数を定量的に表す指標
► コンバージョン率（CVR）は、ユーザーがコンバージョンに到達した割合を表す指標
► CVR で、目標の達成に貢献している施策やコンテンツを分析できる

6　デジタルマーケティングの結果を評価する

6-13

LTV（ライフタイムバリュー）とは

LTV（ライフタイムバリュー）は、ある顧客が自社の商品やサービスを初めて利用してから、長期的な関係の中で得られる利益を表した**顧客生涯価値**を意味する指標です。既存顧客との関係性をはかる上で重要視されています（図1）（図2）。

LTV（ライフタイムバリュー）が注目される背景

①新規顧客の獲得のハードルとロイヤルカスタマー獲得の重要性：市場競争の激化と市場縮小の傾向にある現代日本では、新規顧客の獲得が難しくなっています。通常、新規顧客の開拓には膨大なコストと時間がかかり、利益につながらないこともあります。そこで自社の商品・サービスに対する顧客の信頼や愛着を示す**顧客ロイヤリティ**が重視されるようになりました。顧客ロイヤリティが高い**ロイヤルカスタマー**は、商品・サービスを継続購入するだけでなく、それらを他の人に紹介し、新規顧客の獲得に貢献してくれる場合があります。ロイヤルカスタマーであるかどうかは、LTVをもとにはかることができます。

②One to Oneマーケティングの主流化：スマートフォンの普及により、消費者が得られる情報が膨大になり、嗜好やニーズが多様化しています。そういった背景から、顧客一人ひとりのニーズに合わせて行う**One to Oneマーケティング**が注目されています。One to Oneマーケティングでは顧客ロイヤリティを高め、継続的に取引をしてもらうことが重要なため、LTVが評価指標として用いられます。

③サブスクリプションサービスの流行：近年では、定額料金を支払うことで商品やサービスを利用できる、Netflixなどの**サブスクリプション**型のサービスが流行しています。それらは顧客の継続利用により利益が生じるビジネスモデルであり、顧客の満足度や顧客ロイヤリティを高める施策が必要となることから、その成果をはかる指標としてLTVが重要視されています。

LTV（ライフタイムバリュー）を活用する

「購入頻度が高い」「一度の購入数が多い」あるいは「継続期間が長い」などの、LTVが高い顧客の傾向を把握することで、優良顧客になる見込みのある新規顧客の獲得につなげることができます。また、LTVは顧客獲得や顧客維持に関する施策の目標値（KGI・KPI）としても活用できます。特に顧客の継続利用が重要なビジネスにおいては、この指標を活用しましょう。

LTV（ライフタイムバリュー）の算出方法

図1　代表的な計算式

$$LTV = 平均購入単価 \times 平均購入回数$$

サブスクリプション型のサービスの場合

$$LTV = 平均購入単価 \div チャーンレート（解約率）$$

※サブスクリプション型のサービスでは、チャーンレート（解約率）を用いた上記のような計算式を利用するケースもあります。定額制で商品・サービスを提供する業態ということもあり、解約が利益に大きく影響するため、解約率を考慮することが重要です。

LTV（ライフタイムバリュー）を高めるには

図2　LTVを高める4つのポイントと施策の例

購入単価を上げる

- 商品やサービスの値上げをする
- 上位モデルへの移行やオプションの追加を促す
- 関連する商品やサービスの購入を促す

購入頻度を高める

- メルマガやプッシュ通知で顧客接点を増やす
- 新商品の入荷やキャンペーンの情報をアピールする
- リマーケティング広告を配信する

顧客ロイヤリティを上げる

- ポイントプログラムや会員ステージに応じた特典を提供する
- One to Oneマーケティングを実施する

解約率を下げる

- 契約している商品やサービスの活用方法を紹介する
- 契約満了の前に次のステップに進めるような商品やサービスへ誘導する
- チャットボットを活用し、顧客満足度を向上させる

例：オルビス株式会社

LTVが高い顧客の2回目以降の商品購入ルートの可視化を行っています。これにより、どの商品をどういう方法で買ってもらえれば、LTVが向上するのかという道筋を分析しています。

出典：日経クロストレンド「LTVを最大化する3つのポイント　オルビス社長と専門家が解説」
URL：https://xtrend.nikkei.com/atcl/contents/18/00385/00024/

まとめ

▶ LTVは、長期的な関係の中で得られる利益を表した顧客生涯価値を意味する指標
▶ LTVは、顧客獲得や顧客維持に関する施策の目標値として活用される
▶ LTVは、マーケティングにおける顧客維持の重要性の高まりにより注目されている

6-14
Web パフォーマンスと
コアウェブバイタル

Web パフォーマンスは、Web サイトにおける表示速度や動作速度です。Web サイトの質を表し、ユーザーの行動や満足度に大きく影響する重要な要素です。

コンバージョン率とユーザー維持率の向上

Web パフォーマンスが悪いとユーザーの離脱が増え、その分コンバージョン率は下がります。例えば EC サイトのページの表示速度が遅いと、ストレスを感じて買い物を途中で諦めたり、他のサイトに移ったりするなど、ユーザーの離脱を招きます。ユーザーが Web サイトにアクセスする目的は、買い物や情報収集などさまざまですが、Web パフォーマンスを改善することでユーザーがスムーズに目的を果たせるようになります。またそれにより、再訪するユーザーが増えてユーザー維持率が向上し、再びコンバージョンへとつながる好循環が生まれます(図1)。

コアウェブバイタルの3つの指標

Web サイトにおける UX(ユーザー体験)の質を測るウェブバイタル(Web Vitals)という指標があります。その中でも特に重要な指標はコアウェブバイタル(Core Web Vitals)と呼ばれ、Google 社の「Search Console」のように、それらを評価するツールもあります(図2)。コアウェブバイタルには、ユーザーがより快適に Web サイトを利用する上で欠かせない、以下の3つの指標があります(図3)。

• LCP(Largest Contentful Paint):ページの表示速度を評価する指標です。ページの中で最も大きなテキストブロックや画像などのコンテンツが表示されるまでの速度を測定します。この評価が悪い場合、原因となるコンテンツを把握し、読み込み速度が短くなるよう工夫しましょう。

• INP(Interaction to Next Paint):ページの反応速度を評価する指標です。ユーザーが操作を行ってから、反応するまでの時間を測定します。この評価が悪い場合、不要な処理を行っていないか見直し、Web サイトを軽量化しましょう。

• CLS(Cumulative Layout Shift):視覚要素の安定性を評価する指標です。Web ページの読み込み段階で発生したレイアウトのズレや崩れの変化量を測定します。この評価が悪い場合、原因となるコンテンツを把握し、サイズ指定を行うなどの対策をしましょう。

Webパフォーマンスの良し悪しによる違い

図1 コンバージョン率とユーザー維持率への影響

ツールでコアウェブバイタルの評価を確認する

図2 代表的なツールの例

Google Search Console（https://search.google.com/search-console）

LCP、INP、CLSのうち、改善が必要な項目がわかる

Webページのパフォーマンスについて、詳細に評価できる**「PageSpeed Insights」**（https://pagespeed.web.dev/）というツールもあります。

図3 コアウェブバイタルの評価基準

	良好	改善が必要	低速
LCP	2.5秒以下	4秒以下	4秒を超える
INP	200ミリ秒以下	500ミリ秒以下	500ミリ秒を超える
CLS	0.1以下	0.25以下	0.25を超える

出典：Search Console ヘルプ「ウェブに関する主な指標レポート」
URL：https://support.google.com/webmasters/answer/9205520?hl=ja

まとめ

- ▶ Web パフォーマンスとは、Web サイトの表示速度や動作速度を意味する
- ▶ Web パフォーマンスを改善し、ユーザー維持率とコンバージョン率を向上する
- ▶ コアウェブバイタルは、Web サイトが快適かどうかを客観的に表す指標

6-15
BI（ビジネスインテリジェンス）ツールを活用する

BI は、データの可視化や分析を通して、ビジネスにおける意思決定を支える手法や取り組みのことを指します。**BI ツール**は簡単に BI を行うためのツールです。

BI ツールの重要性

企業の持つ情報は、顧客情報、Web サイトやアプリのアクセスログ、店舗ごとのデータなど多岐にわたります。これらのデータを部署やシステムごとに個別に蓄積していては、企業全体のマーケティングに活かせません。このような社内に散在するデータを集めて分析できるツールとして注目されるのが BI ツールです（図1）。

BI ツールの利点のひとつが、データの集計や分析の負担軽減・効率化ができる点です。手動でデータを出力し Excel などで集計する手間をかけずに、集計・分析を半自動化し、誰でも比較的簡単に見やすいレポートを作成することが可能で、作業時間を短縮できます。同時に属人化しやすいレポートのフォーマットや内容を管理・統一しやすいため、分析の標準化や効率化につながります（図2）。また、複数のデータを統合して、さまざまな切り口でデータを可視化・分析できます。元のデータが膨大かつ頻繁に更新されるものでも、BI ツールではリアルタイムに最新の情報を反映可能です。さらに、レポートの自動配信機能やアラート機能も活用すると、自社の課題を早期に発見できることがあります。例えば「商品 A とともに売れている商品」「天候による来訪者数の変化」などのレポートを、自動で配信・通知することで傾向を把握し、品揃えや仕入れ量を変えるなどができます。

ビジネスの意思決定をサポートする

ビジネスの意思決定において重要なのが、**ビジュアライゼーション（可視化）**です。自社の課題を発見し対策を考えても、アクションが生まれなければ意味がありません。関係者に現状や課題を理解してもらうことで、次のアクションにつなげやすくなります。BI ツールでのデータの可視化により、誰にでも直感的にわかりやすく情報を伝えることで、データにもとづく迅速な意思決定が可能になります。さまざまな分析機能を持つツールもあり、現場の勘や経験だけでなく、データにもとづいた根拠を示すことで、スムーズな意思決定をサポートします。またこれにより、PDCA を回して継続的に事業や施策を改善できるようになります。

BIツールの役割

図1　BIツールのイメージ

企業が持つデータ

店舗データ

アクセスログ

顧客データ

BIツール

データの加工
・データ集計
・データ抽出
・データ統合　など

ビジュアライゼーション（可視化）
・グラフ作成
・レポート作成　など

分析
・データにもとづく分析

データ共有
・ファイル形式でエクスポート
・メール配信　など

意思決定

PDCAがスピーディに回るようになり、ビジネスやマーケティング施策の継続的な改善や課題解決に役立つ

Plan–計画　Do–実行
Action–改善　Check–評価

BIツールを利用する

図2　無料のBIツール「Looker Studio」のテンプレート機能を利用した例

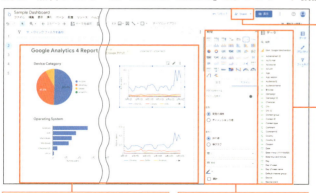

ダッシュボードそのものに権限を付与したり、PDFなどのファイル形式でダウンロードしたりして共有が可能

レポーティングするデータを選択できる

レポートの描画や動作確認ができ、編集した内容がリアルタイムで反映される

グラフの種類や色、サイズなどの見た目を調整できる

● Looker Studioへようこそ：
https://support.google.com/looker-studio/answer/6283323?hl=ja

まとめ

▶ BIツールは社内に散在するさまざまなデータを集計・分析できるツール
▶ BIツールではデータをさまざまな切り口で分析できるため、課題の早期発見につながる
▶ データを可視化することで、データにもとづく迅速な意思決定が可能になる

6　デジタルマーケティングの結果を評価する

6-16
データサイエンスで高度な分析と解析を行う

　収集したデータの中から価値のある示唆を得るには、分析が欠かせません。中でも、数学や統計学、プログラミングなどの手法を組み合わせて、データを解析するアプローチを**データサイエンス**と呼びます（図1）。

データサイエンスの必要性

　データサイエンスを行うことで、顧客のニーズや行動パターン、成功した事例の要因を客観的に分析できます。例えば、ユーザーの購入履歴データから購買傾向を把握して、広告配信の最適化に活かしたり、顧客へのアンケートの結果から顧客満足度を左右する要因（例：品揃え・値引き・検索容易性）を特定して、Webサイトの改善に活用したりできます。このデータサイエンスを行う人材を**データサイエンティスト**と呼びます。データサイエンティストは、必ずしも数学的に難解なことまで理解する必要はなく、分析や予測の成果を実際の業務といかに組み合わせられるかが重要です。

クラウドの登場によるデータサイエンスの加速

　以前は、Excelなどのビジネス用ソフトやR・Pythonなどのプログラミング言語でデータサイエンスを行うには、性能の高いマシンや実行環境を準備する必要がありました。しかし、クラウドの登場により、クラウドプラットフォーム提供企業が用意する環境を一般企業が利用できるようになったため、分析に必要な環境の構築が以前よりも容易になりました。加えて、クラウドを利用することで、従来よりも多くのデータが保存でき、高度な計算や複雑な集計も素早く行えるようになっています。例えば、広告配信などの「当日のデータ」を活用したリアルタイムの施策などにも、データサイエンスを活かしやすくなりました。また、クラウドプラットフォームでデータサイエンス業務を代替できるケースも増えています。代表的なサービスとしてGoogle Cloudの**Vertex AI**では、データの前処理から機械学習モデルの作成、予測を一元的に実施できます。データの予測には、機械学習モデルの作成のための複雑な計算やコードが必要とされていましたが、Vertex AIを利用することで、UI上の操作のみで機械学習モデルを作成できるようになります（図2）。さらに、最も時間のかかるデータの準備（外れ値の削除やデータの整形）も、クラウド上のサービスを利用することで、自動化や効率化が可能となります。

収集したデータを分析する

図1　代表的なデータサイエンスの手法

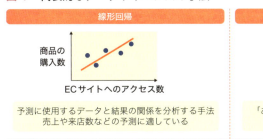

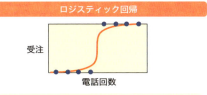

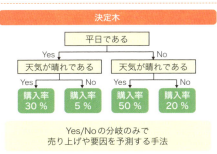

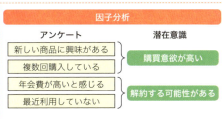

クラウドのサービスがデータサイエンスを代替

図2　「Vertex AI」によって「データの収集〜予測」の流れが変化

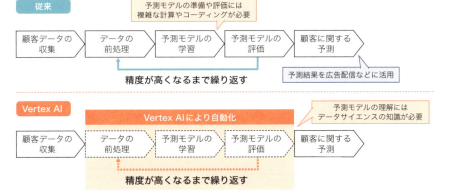

※予測モデルの作成に必要な作業を効率化できますが、分析に必要なデータの選別や予測の評価、実業務へ展開する発想力は依然として必要な点に注意しましょう。

> **まとめ**
> ▶ 売上の予測や要因の発見にはデータサイエンスが有用
> ▶ 使用するデータや求めたい結果によって、分析する手法が変わる
> ▶ データサイエンスの一部をクラウドのサービスで代替可能なケースがある

6-17

データを操作するための言語「SQL」

SQL(Structured Query Language)はデータベースのデータを抽出・集計・整形・結合できるプログラミング言語です。マーケティング担当者が SQL を習得すると、マーケティング施策や分析に必要なデータを素早く抽出できるようになります。

SQL の必要性

データを保管するデータウェアハウスや、データを可視化する BI ツールで使用するデータは主に構造化データです。構造化データは「行」と「列」で構成された表形式のデータで、値が事前に定義された形式で保存されています。構造化データは抽出・集計・整形・結合を実施しやすいデータですが、それらの実施には SQL の知識が必要です(図1)。アクセス解析ツールや BI ツールでも、データの抽出作業は実施できますが、条件が複雑になると目的とするデータの抽出が上手くいかないことがあります。その場合に SQL の知識があると、元となるデータソースから柔軟にデータを抽出できます。

SQL の知識を活用する

前述の通り、SQL を利用するメリットのひとつは、自分が必要とするデータを柔軟に取得できるようになることです。Google アナリティクスなどのツールが提供しているレポートでは、事前に決められたフォーマットでしかデータを可視化できません。また、ツールによっては長期間のデータを分析する場合、エラーが発生したり一部のデータからの拡大推計が発生したりと、何らかの制限がかけられます。もし、ページ別にコンバージョンへの貢献度を一覧で可視化したり、年単位のデータを複雑な条件で抽出したりといった高度な分析が必要になった場合は、アクセス解析ツールだけでは対応できないことがあります。そのような場合は、データを外部(データウェアハウス「BigQuery」など)に出力し、SQL を使用して必要な情報を抽出することで、アクセス解析ツールでは実現できなかった複雑な分析ができるようになります(図2)。また、複数のデータを何らかのキー(共通値)をもとに結合して可視化したい場合にも、SQL の知識が役立ちます。例えば、Web サイトで収集した会員データと実店舗で収集した購買履歴を結合させる際に、不適切なデータを結合キーに指定すると、正しいデータを可視化できなくなります。そういった事態を避けるためにも、SQL の知識やデータの理解が必要になります。

SQLを使用して、データを抽出する

図1　SQLによる主要なデータ操作

データをBigQueryに出力して利用する

図2　BigQuery内でSQLを使用し、分析に必要なデータを抽出

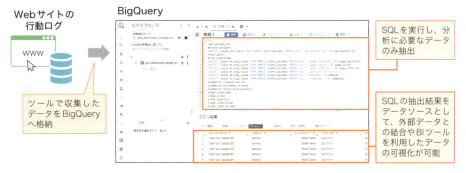

> **まとめ**
> - 構造化データは表形式のデータで、抽出・集計・整形・結合に適している
> - SQLは構造化データの操作に必要で、柔軟なデータの抽出や整形に対応している
> - アクセス解析ツールでは実現できない高度な分析には、SQLの知識が必要

Column

Google アナリティクスのデモアカウント

■ Google アナリティクスのデモアカウントを利用する

　Google アナリティクスにはデモアカウントが用意されており、「Google アカウント」を取得しているユーザーであれば、誰でもそのデモアカウントにアクセスできます。デモアカウントのレポートには Google Merchandise Store という Web サイトと Flood-It! というモバイルアプリで実際に計測されたデータが表示されます（図1）。

図1　Google Merchandise Store のデータ（例）

アイテム（商品）ごとの「閲覧～カートに追加～購入」状況

　デモアカウントを利用することで、実際のデータを用いて Google アナリティクスの機能を試すことができます。ぜひ、下記のヘルプページを参考にデモアカウントにアクセスしてみてください。

- アナリティクスヘルプ　デモアカウント：
  https://support.google.com/analytics/answer/6367342?hl=ja

デジタルマーケティングを改善する

デジタルマーケティングの結果を評価したら、改善に向けた活動を行います。本章では、そういった活動の手法や実例を紹介します。

Chapter

7

7-1

分析結果から仮説を立てる

施策を立案するには、収集したデータを分析するだけでなく、分析結果から「ここをこうすれば、より良い成果が上がるはずだ」と仮説を立てる必要があります。

仮説の重要性

データを分析すると、アクセス数やコンバージョン率などの成果だけでなく、成果につながった(つながらなかった)と思われる要因を発見できます。例えば、「カートに商品を追加したまま Web サイトを離れるユーザーが多い」というデータから「該当のユーザーに『買い忘れの商品がないか』をたずねるポップアップを表示すれば、商品の売上が伸びるはずだ」と仮説を立てられます。このように、分析結果にもとづく仮説は次の施策を検討する指針となります。仮説にもとづいて施策を実施し、施策の結果を分析、分析結果から仮説を立てて PDCA を回しましょう(図1)。

仮説を立てるときのポイント

仮説の立て方は、大きく以下の 2 つに分けられます(図2)。

- **予測型**：過去の実績や分析結果をもとに、結果を予測、仮説立案する方法です。例えば、過去に商品の値上げを行った際のデータをもとに「商品サンプルを追加するなど、付加価値がつく施策が必要ではないか」という仮説を立てます。
- **アイデア型**：過去の実績がなく、予測型が使用できない場合に使用する方法です。例えば「ある商品の割引クーポンを発行したら、売上はおそらくこうなるだろう」のように、アイデアベースで仮説を立案します。

いずれにしても、仮説は過去に実施した施策だけでなく、デジタルマーケティング全体の KGI や KPI も考慮して立案する必要があります。この際、仮説の効果検証を行うための KPI も具体的に決めておきましょう。KPI が曖昧だと、仮説が正しかったか判断がつかず、その後のアクションを決める際に困ります。なお、まずは「成功要因」(どうすれば上手くいくか)について仮説を立て、検証することをおすすめします。ある程度成功要因がつかめたら、不要な施策やコンテンツがないか、並行して分析・仮説立案・検証し、全体を最適化していきましょう。

「仮説の立案→効果検証」を継続して成果を最大化する

図1　仮説にもとづくPDCAのイメージ

Plan – 計画
- 分析した結果から仮説を立てる
  - 例 カートに商品を追加したままWebサイトを離れるユーザー(★)に、ポップアップを表示すれば、商品の売上が伸びるはず

Do – 実行

- 仮説を立証するための施策を実施する
  - 例 (★)に該当する一部のユーザーに『買い忘れの商品がないか』をたずねるポップアップを表示する

Check – 評価
- 仮説が正しかったか施策を検証する
  - 例 ポップアップを表示したユーザーと表示しなかったユーザーの売上を比較する

Action – 改善
- 仮説が正しければ、施策の継続や横展開を検討する
  - 例 (★)に該当する全ユーザーにポップアップを表示する
- 仮説が正しくなければ、分析結果から仮説を再考する
  - 例 (★)に該当するユーザーの行動を見直す

課題に対して適切な仮説を立案する

図2　「予測型」「アイデア型」について

予測型

施策：特定の商品の値上げ

分析者：過去に購入者が減少した実例から商品サンプルを追加するなどの付加価値をつける施策が必要だろう

結果をある程度予測できるものに対して仮説を立てる

アイデア型

施策：ある商品の割引クーポンを発行

分析者：過去に事例はないため、商品の売上やクーポンの利用率を予測できないが、クーポン発行前より売上が伸びるだろう

結果を予測できないものに対して仮説を立てる

まとめ
- 成果を最大化するためには「仮説の立案→効果検証」を継続することが重要
- デジタルマーケティング全体のKGIやKPIを考慮して仮説を立案する
- 仮説を検証するためには、KPIを具体的に決める必要がある

7-2

ヒューリスティック評価を行う

ヒューリスティック評価とは、Web サイトやアプリのユーザビリティの検査方法であり、UI の問題を発見し評価する手法です（図1）。

ヒューリスティック評価とは

ヒューリスティック評価は、UI/UX の専門家などの評価者が Web サイトやアプリの UI を分析し、経験則や知識、ユーザビリティの原則を元に評価します。評価者は、評価内容から、優れた点や課題を抽出し、課題に対する改善案の提案までを行います。ヒューリスティック評価の目的は、UI の課題を専門家の視点で迅速に抽出し、ユーザビリティを向上させることです。ユーザビリティが改善するとユーザーに望む行動を起こしてもらいやすくなり、会員登録や購入などのコンバージョン獲得にもつながります。ヒューリスティック評価は、目的に合わせて任意のタイミングで実施できますが、「サイトリニューアルに伴い、競合他社と比較して優れた点や課題を把握し改修を進めたい」といった企画や設計の初期段階や、「自社のEC サイトを利用するユーザーの離脱率が高い理由を調査する」といった場面で、ユーザーテスト（実際にユーザーに Web サイトなどの利用を試してもらう手法）実施前に行うのが有効です。

ヒューリスティック評価では、使いやすさや見やすさなどの数値として取得しづらい観点から Web サイトやアプリを評価できる点がメリットです。また、UI/UXに精通した専門家が調査をするため、Web サイトやアプリが制作途中でも評価できるという点があります（図2）。本格的な実装前のプロトタイプ（試作）の段階で問題点や課題が見つかれば、修正コストを大幅に削減することにもつながります。

ヒューリスティック評価を行う際のポイント

ヒューリスティック評価で挙げられた課題のすべてが、ユーザーにとっての問題というわけではありません。あくまで専門家による分析のため、ユーザー目線とは異なった課題が抽出される場合もあります。そのため、ユーザーテストも合わせて行い、ヒューリスティック評価と組み合わせて分析することをおすすめします。また、ヒューリスティック評価を行う際は「評価者の主観が評価に影響し、誤った評価を下す可能性がある」ことにも留意しましょう。信頼できる評価者を選定することに加えて、複数名に分析してもらうことでより適切な評価を行えます。

ヒューリスティック評価の流れ

図1　目的設定から報告まで

※ヒューリスティック評価は、規模にもよりますが通常は1〜2か月を要する評価です。

調査の目的によって評価項目を設定する

図2　ヒューリスティック評価の項目例

	戦略レベル評価	Webサイトのねらい・目的が十分に伝わる内容になっているかを評価
情報・デザイン評価	情報構造評価（サイトツリー評価）	Webサイト内の情報が適切に分類、構造化され、ユーザーにとってわかりやすくまとまっているかを評価
	コンテンツ評価	訴求したい情報が、興味をひきやすく、わかりやすく、伝わりやすいよう工夫されているかを評価
	導線評価	情報への経路や順番が伝わりやすいように設定されているかを評価
	ユーザビリティ評価	ユーザーにとってストレスなく使いやすい工夫がされているかなど、操作性への配慮について評価
	アクセシビリティ評価	年齢や身体的制約、利用環境などに関わらず、さまざまな人が情報に問題なくアクセスできるよう配慮されているかを評価

まとめ

- ヒューリスティック評価は、専門家が経験則などを元にUIを評価する手法
- ヒューリスティック評価では、システムでは分析が難しい、定性的な評価が可能
- 誤った評価を下す可能性もあるため、複数名の評価者を選定した方が良い

7-3

A/B テストを実施する

「特定のユーザーに専用のバナーを表示すれば、コンバージョン率が上がるはず
だ」などの仮説を立てた後は、その仮説が正しいかどうかを検証する必要がありま
す。そういった仮説検証の手法として **A/B テスト**があります。

A/B テストを実施するメリット

A/B テストは、Web サイト（あるいはモバイルアプリ）にアクセスしたユーザー
に、元のページ（オリジナルパターン）とデザインやコンテンツが異なるページ（テ
ストパターン）をランダムに出し分け、よりコンバージョンにつながるパターンを
明らかにする手法です。一般的に、Web サイトの A/B テストは「A/B テストツー
ル」を導入して実施します。画像やテキストの変更、簡単なレイアウト変更などの
シンプルなテストであれば、A/B テストツール上で設定できるため、Web サイト
の改修が発生せず、コストを抑えながらすぐに実施できます。また A/B テストツー
ルでは、テストパターンの表示割合の設定や、特定のユーザーにのみテストを配信
するようなターゲティングの設定も可能です（図 1）。テストを実施して数日以内に
結果を確認できるため、想定より悪い結果の場合は早めにテストを終了すること
で、コンバージョンに悪影響を及ぼすリスクを回避できます。

A/B テストツールのテストのタイプ

A/B テストツールでは、さまざまなタイプのテストを実施できます。実施したい
内容に合わせて、タイプを選択しましょう（図 2）。基本となる A/B テストは、ペー
ジの URL を変更せずに文章や画像などの特定の要素だけを変更したい場合などに
使用します。ソースコードの書き換えを必要としないケースが多く、テストの準備
が最も簡単です。次に**多変量テスト（MVT）**は、同じページ内にある複数の異なる
要素を切り替えて組み合わせ、一度に数多くのパターンを比較したい場合に使用し
ます。パターンごとの成果を分析することで、より効果的なパターンや影響度の高
い要素を把握できます。最後に**リダイレクトテスト**は、テストの対象ページに訪れ
たユーザーの一部を、別の URL（テストページ）にリダイレクト（転送）して実施す
るテストです。オリジナルのパターンとは全く異なるデザインのページをテストす
る場合に使用される手法です。事前にテストページを作成しておく必要がある点
に、注意が必要です。

A/Bテストツールを利用する

図1　A/Bテストツールの3つの機能

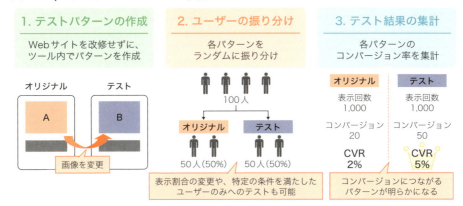

実施内容に合わせてテストのタイプを選択する

図2　A/Bテストツールにおける主要なテストタイプ

まとめ

- A/Bテストとは、異なるパターンを出し分けて最適解を見つける手法
- A/Bテストツールを利用すると、コストを抑えながらテストを実施可能
- 実施したいテストの内容に合わせて、テストのタイプを選択する

7-4

EFO（入力フォーム最適化）を行う

　ユーザーは、Web サイトやアプリで資料請求や商品購入を行う際、氏名や住所などを入力するフォーム画面を必ず経由します。フォーム画面でユーザーの離脱を防ぐには、**入力フォームの最適化（Entry Form Optimization）**が必要です。

EFO によるコンバージョン率の改善

　Web サイトのコンテンツの中でも、入力フォームはユーザーが入力作業によるストレスを感じやすく、離脱しがちなポイントです。入力フォームに到達したユーザーは、資料請求や商品購入に興味があるユーザーの可能性が高いため、入力フォームを改善することで、離脱率やコンバージョン率を大きく改善できる可能性があります。また、一般的に入力フォームの改善は、広告の出稿追加や Web サイトのコンテンツの改修よりも低コストで行えることが多いです。EFO を実施する前にアクセス解析ツールを活用し、どのステップでユーザーが離脱しているか把握することも重要です（図1）。「そもそもユーザーは入力フォームに到達しているか」「入力フォーム内のどのステップで離脱しているか」を特定していないと、見当違いの改修を実施してしまい、コンバージョン率が変わらないという事態も発生します。離脱の原因になっているポイントを発見した後、ユーザーが操作しやすい・わかりやすい UI へ改善しましょう。代表的な改善ポイントは、図2 の通りです。

　また、UI を改修した後は必ず、改修前後のユーザーの行動データを分析し、EFO の成果が出ているかを確認しましょう。想定よりも成果が悪い場合、離脱の原因になっているページや UI の改修内容が間違っている可能性があります。EFO 以外の影響も考慮し、全体のコンバージョン率だけでなく、改修した入力フォーム内の離脱率が改善されているかまで確認することをおすすめします。

EFO ツールの導入

　Web サイトの改修が難しい場合は、EFO ツール（例：株式会社ショーケースの「フォームアシスト」）の導入も検討しましょう。ツールの導入により、比較的簡単にフォーム入力支援機能を追加できたり、フォーム別の入力割合やエラー発生率などの細かいデータを分析可能なレポートが利用できるようになったりします。EFO ツールの利用には初期費用およびランニングコストが発生するため、予算を考慮して導入を検討しましょう。

どのステップでユーザーが離脱しているか把握する

図1　Google アナリティクスを利用して離脱箇所を確認する

ユーザーが操作しやすい・わかりやすい UI を検討する

図2　EFO の代表的な改善ポイント

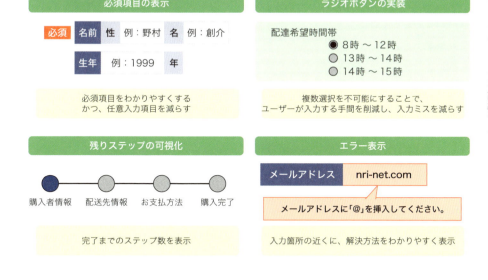

> **まとめ**
> - EFO とは、入力フォームをユーザーが入力しやすいように最適化すること
> - 入力フォームの改善は、コンバージョン直前の離脱率の改善に貢献する
> - EFO ツールでは、入力支援機能の実装などのフォームの改善支援が可能

7-5
実例に学ぶ①
アクサダイレクト生命保険

　アクサダイレクト生命保険株式会社では、新たな顧客層を獲得するために、顧客の細やかなニーズに応じた検索連動型広告を導入しました。

レスポンシブ検索広告を用いた施策の改善

　Google 広告には「出稿している広告のキーワードとランディングページの関連性」「推定クリック率」「ランディングページの利便性」の 3 つの要素を総合して算出される**品質スコア**が設けられています。品質スコアが高い広告は検索結果に掲載されやすくなり、ユーザーに表示される機会が増えます。アクサダイレクト生命保険株式会社でも品質スコアを確認し、スコアの低かった広告と、その広告が表示されたときにユーザーがどういったキーワードを検索しているかを確認し、広告内容を改善しました[※]。また、広告の改善には**レスポンシブ検索広告**を利用しています。「レスポンシブ検索広告」とは、広告見出しと説明文の組み合わせを機械学習によって自動でテストし、より関連性の高いメッセージをユーザーに表示する広告です。複数の広告見出しと説明文を事前に設定しておくことで、ユーザーが検索したキーワードとの一致率を高め、より多くの潜在顧客に効果的にアプローチできます（図1）。

LTV（ライフタイムバリュー）の高い顧客へアプローチ

　同社では、前述のような施策の実施とデータの蓄積を継続し、精度の高い顧客分析を可能としました。そのひとつが、LTV（ライフタイムバリュー）の分析です。この分析では、過去に収集したユーザーのデータから、LTV が高いユーザーの特徴を見つけることで、LTV が高いと想定されるユーザーを予測できるようになります。「LTV が高い（申し込み以降の契約率や契約保険料が高い）ユーザー」に着目した同社は、より高い契約率や契約保険料が見込まれるユーザーに向けて広告を配信し、LTV が高い顧客を獲得しました。また、獲得した顧客のデータを蓄積することで、LTV の予測精度を向上させたり、新しいニーズやキーワードを発掘したりしています（図2）。同社はこれらの施策によって、2020 年 1 月から 8 月の前年同期比で、保険の契約数・年間保険料収入ともに約 140％ も増加しました[※]。

※出典：Think with Google「見過ごしていたニーズを拾うには？「顧客視点」のデジタルマーケティングが成功した理由──アクサダイレクト生命」
URL：https://www.thinkwithgoogle.com/intl/ja-jp/consumer-insights/consumer-journey/axa-direct-life/

より効率良く広告を改善する機能

図1　レスポンシブ検索広告のイメージ

❶複数の「広告見出し」と「説明文」を設定
❷自動で「広告見出し」と「説明文」を組み合わせて、ユーザーの検索ワードに関連性の高い広告を表示

LTV（ライフタイムバリュー）に着目した施策

図2　LTV（ライフタイムバリュー）を活用した広告配信のイメージ

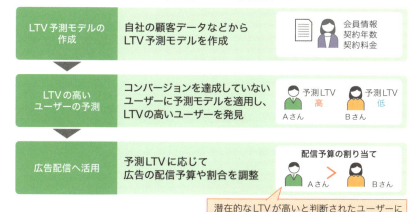

潜在的なLTVが高いと判断されたユーザーにより多くの広告が配信されるようになる

まとめ

- ▶ 広告の品質スコアを可視化して、広告内容を改善する
- ▶ レスポンシブ検索広告で、より多くの潜在顧客に効果的にアプローチ可能
- ▶ より高いLTVが見込まれるユーザーを予測して広告を配信する

7-6
実例に学ぶ②
みんなの銀行

「みんなの銀行」は、「知りたい情報にすぐにたどり着ける UI」「導線を増やし、手続きに困ったユーザーが解決策に確実にたどり着ける UI」の設計をしています。

Web サイト回遊の障害になっているページの発見

ユーザーが Web サイトに訪れたときに収集したデータ（ページごとの滞在時間や離脱率など）から、Web サイト回遊の障害になっているページを発見できます（図1）。ただし、それらの指標の数値が悪いからといって、必ずしもユーザーに不親切なページとは判断できません。例えば「離脱率が高い」場合も、問い合わせの完了ページなど「ユーザーが最後に訪問することが想定されているページ」や、キャンペーンの紹介ページなど「他ページへの導線がなく、1 ページで完結するページ」では、離脱率が高くなることがあります。ページの特徴を踏まえてデータを分析する必要がある点に注意しましょう。みんなの銀行では、FAQ ページの滞在時間が短く、他ページへの遷移割合も小さいことに着目しました※。一方で、電話での問い合わせは多かったことから、FAQ ページにアクセスしたユーザーが知りたい情報にたどり着けていないのではないかという仮説を立てています。

回遊性を高めるデザインへの変更

みんなの銀行では**フリクションレス**にも取り組んでいます。**フリクションレスとは、ユーザーがサービスを体験する上で煩わしく感じるポイントをなくし、欲しい情報や目的に障害なくたどり着けることを指します**（図2）。複雑な登録フォームや、わかりづらい位置にボタンやリンクが設置されているページは、ユーザーの不満につながり、離脱の原因になります。みんなの銀行では、ヘッダーやフッターの内容を Web サイト全体で統一し、どのページでも決まった位置に「キーワード検索で探す」フォームや「カテゴリーから探す」メニューを実装し、ユーザーが知りたい情報へ楽にたどり着く導線を増やしています※。ほかにも、各ページの見出し文近くに説明文を追加し、ページの目的を明確化しました。これにより、ユーザーが閲覧しているページが自身の求める目的と合致しているか、すぐ把握できるようにしました。また、ユーザーの利用率が低い検索フォームを、ユーザーの行動を促すようなデザインに変更し、より積極的にページを閲覧するよう促しています。

Webサイトのアクセスデータから回遊性の低いページを見つける

図1　回遊性の低いページを見つけるポイント

滞在時間
- ページの中身と滞在時間が見合っているか
- 滞在時間が想定以上に長くないか
  （導線を見つけられず、迷子になっていないか）

離脱率
- コンバージョンに至るまでの途中のページで離脱していないか

特定のページや要素に絞った分析

- 特定の箇所までスクロールされているか

- リンクやボタンがクリックされているか

フリクションレスを意識したWebサイトの設計

図2　フリクション（ユーザーが煩わしく感じるポイント）の例

ユーザーの行動	フリクション
Webサイト訪問	・どのページに遷移するリンクかわからない ・サイトの表示速度が遅い ・ボタンを見つけにくい、押しにくい
会員登録	・メールアドレス認証に時間と手間がかかる ・利用規約などがわかりにくい ・フォーム入力でエラーが出る
商品の購入	・カートに追加しても画面に変化がない 　（例：カートアイコンに商品数が表示されない） ・希望する決済手段が用意されていない ・返品・払い戻しの手順が書かれていない

※本文出典：みんなの銀行　公式note「みんなの銀行FAQサイトのアップデートに向けてどのようなUI設計をしたか」
　URL：https://note.minna-no-ginko.com/n/n9e0ea918aeb1

まとめ
- Webサイトのアクセスデータから回遊の障害になっているページを発見できる
- ページの特徴も踏まえた上で、改修が必要かどうかを判断する
- フリクションレスなUIを設計することで、ユーザー体験を向上できる

7-7

実例に学ぶ③
八代目儀兵衛

　京都の老舗米屋「八代目儀兵衛」はお米業界が直面している課題に対して、デジタルマーケティングを使ってお米を販売する施策を展開しています。

お米を販売する上でのギフト EC 戦略

　八代目儀兵衛はお米の「通販」「飲食」「米卸」という 3 つの事業に取り組んでおり、年々お米の消費量が減少している状況への対策として、ギフト EC サイトに注力しています。日常使いのお米の購入チャネル（スーパーやネット販売）では、価格や利便性が重視されており、基本的に価格競争が発生します。そこで、八代目儀兵衛では今まで注目されていなかった非日常のギフト商品として、自社のブランド力を活かしたアプローチを実施しています。自社で運営しているギフト EC サイトだけでなく、さまざまな経路で自社のブランドや商品がユーザーの目に留まるような施策を実施しました※。例えば、Instagram のハッシュタグを利用したギフト商品に関する投稿や、楽天市場などの EC モールへの商品の掲載です（図 1）。これらの施策の結果、ギフト EC サイトへの訪問数が増加するだけでなく、SNS の投稿をきっかけに飲食店舗に足を運ぶユーザーが増えるなどの相乗効果も生んでいます。

ギフト EC サイトのリニューアル施策

　八代目儀兵衛は、全面的なギフト EC サイトのリニューアルを以下のポイントを重視して行い、リニューアルの翌月には前年比売上 140％ を達成しました※。

- ブランドやシーンを意識したビジュアルの変更：京都らしさ、華やかさを重視したキービジュアルや、慶事・弔事などに合わせたメインビジュアルへ変更
- ユーザーが使いやすい UI 設計：ギフトオプションの設定（例：熨斗の種類）を候補の中から選ぶ形式に変更し、ユーザーの手間を削減（図 2）
- 商品を購入する前後のケアを重視：慶事などのマナーに詳しくなくても進められる、ギフト用途に応じたオプションの提示や、住所を知らない相手にギフトを贈ることができる「ソーシャルギフト」機能を実装

※出典：ネットショップ担当者フォーラム「京都の老舗米屋「八代目儀兵衛」が語るファン作り＆ブランディングを成功に導くギフト EC の極意」
　URL：https://netshop.impress.co.jp/node/10222

八代目儀兵衛のメディア戦略

図1 複数のチャネルを利用したユーザーの獲得

「お米　出産内祝い」の商品を検索

https://www.okomeya.net/

ユーザーのニーズに応えた機能を実装

図2 ユーザーの目的に応じたギフトオプションの例

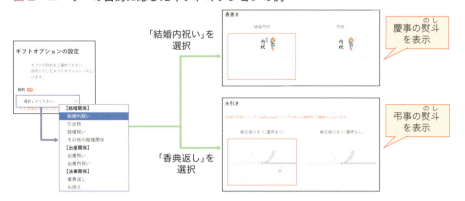

まとめ

- ▶ 「注目されていなかった面」に着目し、自社ブランドの確立と他社との差別化を図る
- ▶ SNSやECモールを活用し、商品がユーザーの目に留まるような施策を実施する
- ▶ 不慣れなユーザーにも使いやすいよう、ニーズに応えた機能を実装する

7-8

実例に学ぶ④
マネーフォワード

　マネーフォワード社は「ビジネスドメイン（会計ソフトや電子契約ソフト）における成果を最大化する」という目線で、SEO に取り組んでいます。SEO の目標は「メインキーワード（例：会計ソフト）の検索順位を上げること」です※。

YMYL（Your Money or Your Life）と E-E-A-T

　Google 社の検索品質評価ガイドラインには YMYL（Your Money or Your Life）のトピックについて記載があります（図1）。YMYL に該当するコンテンツを含む Web サイトは、人々の健康、経済的安定や安全、社会の福利や福祉に直接的かつ重大な影響を与える可能性があるものとされ、より厳格に評価されます。マネーフォワード社の業態も YMYL に当てはまるため、情報の正確性や透明性には特に注意が必要です。YMYL の領域においては、E-E-A-T と呼ばれる Google 社の評価基準を意識することが重要です（図2）。例えば、マネーフォワード社のWeb サイトでは、バックオフィス関連の基礎知識が掲載されたコンテンツが更新され続けています。これらのコンテンツは専門的な内容であることが多いため、キーワードの選定、構成の作成、原稿の校正・チェックは社内で実施し、執筆は外部の専門家に依頼しています※。また、専門家の顔と名前も可能な範囲で公開されており、E-E-A-T が重要視されていることがわかります。なお、ニューヨーク・タイムズ社も、経験や専門性を強調するために、氏名・専門分野・経歴などを含むジャーナリストたちのプロフィールを、Web サイトで公開しています。このようにE-E-A-T を重要視する動きは、世界中で広がっています。

SEO に対するその他の取り組み

　E-E-A-T を重視したコンテンツの制作はもちろん大切ですが、検索順位上位を目指すためには「Web サイトの内部構造整備」「被リンク・サイテーション獲得」などの、古典的な内部対策や外部対策も重要です。マネーフォワード社では「関係各社に被リンク設置の協力を要請する」「PR 担当部署と連携し適切なアンカーテキスト、リンクをプレスに記載する」など、外部対策にはかなり力を入れています※。これらの取り組みには、関係者（関係会社の Web サイト担当者や PR 担当者）との連携が必須です。マネーフォワード社のように目標を明確化して、その達成状況を可視化することで、理解と協力を得られるように尽力しましょう。

YMYL（Your Money or Your Life）に配慮する

図1　該当するトピック

トピック	概要
健康と安全 （Health or Safety）	精神的、身体的、感情的な健康、または物理的な安全やオンラインの安全などのあらゆる形態の安全を損なう可能性のあるトピック
経済的安全保障 （Financial Security）	自分自身とその家族を養う個人の能力を損なう可能性のあるトピック
社会 （Society）	人々のグループ、公共の利益の問題、公的機関への信頼などに悪影響を与える可能性のあるトピック
その他 （Other）	人々を傷つけたり、社会の福利や福祉に悪影響を及ぼしたりする可能性のあるトピック

E-E-A-T を意識する

図2　それぞれの評価基準

E Experience（経験）
コンテンツ作成者がそのトピックに関してどの程度経験や実体験を持っているか

E Expertise（専門性）
コンテンツ作成者がそのトピックに関して必要な知識やスキルをどの程度持っているか

A Authoritativeness（権威性）
コンテンツ作成者またはWebサイトがそのトピックの信頼に足る情報源としてどの程度知られているか

T Trust（信頼性）
！最重要！
そのページがどの程度、正確・誠実・安全で信頼できるか

YMYL に該当しない領域においては、神経質にならなくてもよいかもしれませんが、ユーザーからの信頼を獲得し、マーケティングの PDCA をより円滑に回していくためにも、E-E-A-T を意識してみてください。

出典：General Guideline

URL：https://static.googleusercontent.com/media/guidelines.raterhub.com/ja//searchqualityevaluatorguidelines.pdf

※本文出典：note 清水カツヒロ＠マネーフォワード「リード獲得数を4倍にしたマネーフォワード流 SEO の裏側と成果」
　URL：https://note.com/shizuka_m/n/n2ade94481964

まとめ

▶ **YMYL に該当するコンテンツを含む Web サイトは、より厳格に評価される**

▶ **YMYL の領域においては、E-E-A-T を意識することが重要**

▶ **検索順位上位を目指すためには、古典的な内部対策や外部対策も大切**

Column

AI による改善提案

■ マーケティングのデータ分析で AI を活用する

　AI が分析できる範囲は、基本的には人間が人力で行っていた内容と大きく変わりません。例えば、AI を活用すると売上や購入履歴などのデータをもとに、最も売れ行きの良かった商品や、購入に貢献した流入経路の情報を表示できます。また、客観的な根拠にもとづいて将来の売上を予測することも可能です。AI を活用するメリットは、人力による分析よりも手間がかからず、属人化も排除できる点です。以前は活用するまでの準備のハードルが高く、精度もいまひとつだったため、なかなか手を出しにくかった AI ですが、ChatGPT などのサービスが登場したことでスムーズに活用しやすくなってきています。

■ AI アナリストを活用した Web サイトの分析

　株式会社 WACUL が提供する「AI アナリスト」は、Web サイトのアクセス解析を自動化し、改善施策を提案するツールです。Google アナリティクス、Google Search Console、広告データなどを連携することで、レポートを自動で生成し、Web サイトの改善ポイントを提案します。そのため、データ分析の専門知識がなくても、短時間で分析や改善施策の検討ができます（図1）。ただし、連携するデータの質が低い場合、誤った分析結果が出る可能性があるため注意しましょう。

図1　AI アナリストのレポート画面

- AI アナリスト：https://wacul-ai.com/

今後のデジタルマーケティング

デジタルマーケティングの世界は日進月歩です。今現場で起きていることや、目覚ましい発展を遂げているAIなどの最新トピックについて、解説します。

Chapter 8

8-1

AI・機械学習の普及と
生成 AI の躍進

AI や機械学習の精度や扱いやすさが向上し、本格的にビジネスへの導入が進んでいます。

人工知能（AI）と機械学習（ML）について

人工知能（AI）と**機械学習（ML）**はよく混同されますが、同じではありません。人工知能（AI）は多様な問題を解決するためにシステムに実装された一連のテクノロジーであり、人間の認知機能を模倣する能力を持つ機械やコンピューターを指します。一方、機械学習（ML）は AI を構成する一部であり、大量のデータを分析・学習してから、学習結果にもとづいた予測や判断を行います。AI が商品の価格から売上を予測したり、ユーザーに対して今後離脱する可能性を予測したりするには、機械学習が必要になります。機械学習は大きく**教師あり学習**と**教師なし学習**の 2 つに分類され、予測したい内容に応じて使い分ける必要があります（**図1**）。近年では、AWS や Google Cloud などのクラウドプラットフォームでも、機械学習を利用できるようになりました。それらのサービスを利用し、学習材料となるデータさえ用意すれば、機械学習が専門のエンジニアがいなくても、ある程度は精度が高い予測を行うことが可能です。Google 広告などの広告プラットフォームが提供する自動入札機能にも機械学習が活用されており、過去の実績値から自動で広告配信を最適化できるようになっています。

従来の AI と生成 AI の違い

生成 AI は、学習したデータにもとづいて独自のデータを生成する AI です。従来の AI は「学習済みのデータから、適切な回答を探して提示する（類似パターンにもとづく予測を行う）性質」を持っていましたが、生成 AI は「学習した内容をもとに新たな回答を生み出す」点が特徴的です。生成 AI は多種多様で複雑なデータを学習しており、アウトプットできる内容は多岐にわたります（**図2**）。生成 AI の登場によって、デジタルマーケティングでもコンテンツ制作に必要な素材の撮影や作成費などのコストの削減、情報収集、データ分析の効率化が可能になってきています。ただし、生成 AI は多様なデータを用いて学習しているため、生成 AI が出力したデータには、誤りや不適切な内容が含まれるリスクがあります。

機械学習の種類

図1　教師あり学習と教師なし学習の違い

	教師あり学習	教師なし学習
学習用データの特徴	問題と正解がセットになっている	データの中に正解が存在しない
用いられるケース	学習結果をもとに正解を予測	学習用データから隠された パターンを推測
例	・過去の商品売上データから将来の売上を予測 ・画像データから画像に映っている人物を識別 ・過去の商品レビューからポジティブな内容のレビューを分類	・購買データにもとづいて、興味がありそうな商品を推測 ・大量の商品画像データから色、形状などの特徴でカテゴリ分け ・テキストデータから関連するテーマ（政治、経済など）を抽出

生成AIの活用

図2　デジタルマーケティングへの活用例

コンテンツの作成

・広告で使用する画像やテキストの作成
・記事や商品紹介などのコンテンツ作成
・キャッチコピーなどのアイデアの提案
・多言語テキストの自動翻訳

データの分析

・大規模データの統合や分析
・グラフや表の作成
・分析結果をもとにした改善案の提案
・分析に必要なコードの生成や説明

まとめ

- 人工知能（AI）は、人間の認知機能を模倣する能力を持つ機械やコンピューター
- 機械学習（ML）は、データを学習し、学習結果にもとづいた予測や判断を行う
- 生成AIは、学習したデータをもとに新たな回答を生み出す

8　今後のデジタルマーケティング

8-2

機械学習を活用する

　過去のデータをもとに機械学習を行うと、将来のデータを予測したり、データの背景にあるルールやパターンを発見したりできます。近年では、さまざまなマーケティング施策に機械学習が導入されています。

機械学習の大まかな流れ

　機械学習を導入するには、**準備（データの収集）・学習（機械学習によるモデル作成）・運用**の３つのフェーズが必要です（**図1**）。中でもハードルが高いのが学習フェーズでしたが、学習フェーズを自動で処理してくれるクラウドサービスが登場しました。そのため、非エンジニアでもマーケティング施策に機械学習を活用するケースが増えてきています。一方、「予測精度を高めるため、質の高いデータを用意すること」「予測結果を正しく理解すること」は依然として重要です。これらについては、必要に応じてエンジニアやデータサイエンティストに協力を求めるようにしましょう（**6-7**）。

機械学習を活用した Web サイトの施策

　例えば、Web サイト内のユーザー体験（UX）を向上させるために、機械学習が活用できます（**図2**）。代表的な例として、ユーザーの離脱を予防する施策があります。サブスクリプションの解約やサービスの利用停止など、ユーザーがブランド・サービスを離れることを離脱と言います。一般的に新規顧客の獲得には、既存顧客の維持よりも多くのコストがかかるため、離脱率の上昇はビジネスに大きな影響を与えます。機械学習を活用することで、過去に離脱したユーザーの情報から、離脱する可能性が高いユーザーを予測できます。例えば、トレジャーデータ株式会社が提供する「Predictive Scoring」というサービスでは、プログラミングを行うことなく、画面上の操作のみで全ユーザーの中から離脱する可能性が高いユーザーをランク付けできます。従来は、離脱する可能性が高いユーザーの特定に時間を要していましたが、機械学習を活用することで効率的に特定できるようになりました。離脱する可能性が高いユーザーを早い段階で発見できれば、プランの見直しをすすめる情報やサービスの割引情報を送付するといったフォローにより、離脱を予防できます。

機械学習の3つのフェーズ

図1 解約リスクの予測を例とした「準備」「学習」「運用」フェーズの対応イメージ

準備	予測に必要となる学習データを用意	ユーザーの行動ログ 解約状況の一覧
学習	学習データをもとに予測モデルを作成	学習データの整理 学習アルゴリズムの選定 予測精度の検証 クラウドサービスによっては自動で処理可能
運用	実データに予測モデルを適用	ユーザーの行動ログから各ユーザーの解約リスクを予測

施策 解約する可能性が高いユーザーへお得な情報や割引クーポンを送信

機械学習による予測の活用例

図2 Webサイト内のユーザー体験(UX)の向上を支援

レコメンド機能

これを買った人はこんな商品も購入しています

○○シャツ ¥2,000 評価(3.5)
■■シャツ ¥5,000 評価(4.0)

閲覧履歴や購入履歴にもとづいておすすめの商品やコンテンツを提示する

チャットボット

先日購入した商品の配達時間を確認したい

配達時間ですね。購入番号を教えてください。

ユーザー

チャットボット

ユーザーの質問にいつでも自動で回答しサポートする

パーソナライズ

期間限定商品
今だけのキャンペーン！○○%OFF！

利用頻度が高いユーザー
離脱する可能性が高いユーザー

過去の行動履歴から各ユーザーに適したコンテンツを提示する

画像認識

欲しい商品の写真を添付
類似商品やコーディネートを提示

画像から情報を取得し、類似商品や関連画像を提示する

まとめ

▶ 非エンジニアでもマーケティング施策に機械学習を活用するケースが増えている
▶ 過去のユーザーの行動をもとにした機械学習により、ユーザーの行動予測が可能
▶ 予測結果を活用することで、ユーザー体験(UX)を向上させることができる

8-3
「ChatGPT」「Copilot」「Gemini」について

　生成 AI の技術の成長はすさまじく、昨今ではまるで人間と対話しているように会話できる**AI チャットサービス**が登場しました（図1）。

AI チャットサービスの登場

　OpenAI 社が提供している **ChatGPT** は、Web 上に存在する過去の情報を学習し、ユーザーが投げかけた質問に対して AI が自然な文章で回答します。また、翻訳作業やメールなどの文章作成、数学の計算やプログラミングの支援にも対応しています。学習済みの AI であるため、ChatGPT のアカウントを作成すればすぐにサービスを利用できます。また有償版では、高性能な AI による回答をより安定して受け取ることができ、制限が緩和された画像生成機能やユーザー側で ChatGPT をカスタマイズできる「プラグイン機能」も利用可能です。ChatGPT を皮切りに、他の AI チャットサービスも登場しています。例えば、Microsoft 社の **Copilot** では、検索エンジン「Bing」と連携して最新の情報を取得したり、Microsoft 365 のアプリと連携して PowerPoint で作成されたスライドの内容を要約したりできます。また、Google 社の **Gemini** も Google 検索と連携した最新情報の取得や文章の要約を得意とし、有償版では Google Workspace とリンクすることで、タスク管理やプレゼンテーションの作成も可能となります。

AI チャットサービスがデジタルマーケティングにもたらす影響

　多彩な機能をもつ AI チャットサービスは、Web サイトのコンテンツや SNS の投稿テキスト・画像の作成、広告効果の分析などに活用できます。また、SQL の作成や、高度なデータ分析に必要なプログラムコードの作成も可能なため、活用できれば、マーケターだけでも高度な分析ができるようになります。ただし、望ましい回答を得るには、質問や指示（プロンプト）を設計し最適化するスキルが必要です。このスキルを**プロンプトエンジニアリング**と呼び、AI の業務利用が増えている昨今において、求められているスキルです。プロンプトエンジニアリングでは、具体的で詳細な条件や良い事例、悪い事例などを提示し、AI と対話しながら回答の精度を高めます（図2）。この際、AI への質問の中に個人情報や機密情報が含まれないよう、注意する必要があります。また、AI の回答には誤り・偏りが生じる可能性があります。鵜呑みにせずに、人の目でも確認するようにしましょう。

代表的な AI チャットサービスの特徴

図 1 「ChatGPT」「Copilot」「Gemini」の特徴

	ChatGPT	Copilot	Gemini
提供企業	OpenAI 社	Microsoft 社	Google 社
特徴	• 豊富なプラグインによる機能の拡張（有償版のみ） • プラグインやブラウジングの機能を利用することで、最新情報の取得・反映が可能 • 高度な自然言語生成や深い文脈理解	• 検索エンジン「Bing」と連携して、最新情報を反映 • 無償版でも画像を使った質問・回答が可能 • PowerPoint などの Microsoft 365 製品と連携	• Google 検索と連携して、最新情報を反映 • 無償版でも画像を使った質問・回答が可能 • Google スプレッドシートなどの Google のサービスと連携

┌─ 例：食べログによる ChatGPT プラグイン ──

食べログ掲載店舗のネット予約情報を ChatGPT に連携し、最新の空席情報を検索できるようにするプラグインをユーザーに提供しています。

出典：食べログ　開発者ブログ「日本初の挑戦～食べログによる ChatGPT プラグイン開発の舞台裏」
URL：https://tech-blog.tabelog.com/entry/first-challenge-tabelog-chatgpt-plugin-devleopment

プロンプトエンジニアリングのイメージ

図 2　プロンプトの要素

要素	説明
命令・指示	生成 AI モデルが実行する指示やタスク
背景・文脈	出力の質を高めるために、生成 AI モデルに考慮してもらいたい背景や外部情報
入力	生成 AI モデルに回答してほしい質問
出力形式	出力してほしい形式、フォーマット

┌─ 例：バナー広告のテキストを生成するプロンプト ──

あなたはアパレルブランドの EC サイトを運営しています。会員登録したユーザーに 1,000 円分のクーポンを配布することをバナー広告で訴求するため、バナーに掲載するテキストを、30 文字以内で 5 つ考えてください。

出典：株式会社野村総合研究所「プロンプトエンジニアリング」
URL：https://www.nri.com/jp/knowledge/glossary/lst/ha/prompt_engineering

まとめ

▶ **ChatGPT（有償版）は、豊富なプラグインによる機能の拡張が可能**
▶ **Copilot と Gemini は、検索エンジンと連携し最新情報を収集可能**
▶ **生成 AI を効率よく活用するためには、プロンプトエンジニアリングが必要**

8　今後のデジタルマーケティング

8-4

AI Overviews とは

AI Overviews は、Google 検索の生成 AI 機能です。ユーザーの検索に Google が何らかの付加価値を提供できると判断した場合、生成 AI による回答と関連性の高い Web サイトを表示します。

生成 AI によるユーザーの検索に対する回答の生成

日本国内の一般ユーザーに対する AI Overviews の展開は、2024 年 8 月頃に開始しました。元々は「Search Labs」という登録制の実験プログラムでテストが行われており、本書執筆現在(2024 年 9 月)もテストは続いています。**AI Overviews ではユーザーの検索に対して、AI が文章形式で関連性の高い情報を生成するため、複雑な質問や答えが複数ある検索にも対応できます**。AI による回答は通常の検索結果よりも上に表示されるため、ユーザーは知りたい情報をより素早く確認できます(**図1**)。また、回答の簡略化や詳細化など、AI による回答の長さを調整できる機能の提供も予定されています(**図2**)。AI Overviews に使用されている機械学習モデルは、品質の高い情報を提示できるよう学習を続けています。ただし、Web で収集した大量のデータをもとに学習しているため、AI が事実とは異なるもっともらしい回答を生成する**ハルシネーション**が発生する場合があります。回答に疑問を感じたら、関連コンテンツや検索結果を確認し、正確か調べましょう。

AI Overviews がデジタルマーケティングにもたらす影響

AI Overviews の登場は、Web サイトへの検索流入に影響すると考えられます。特に「日本の祝日の数」といったような、全ユーザーに共通する答えがある検索の場合、ユーザーが AI の回答で満足し、そこで検索行動をやめてしまう可能性があります。一方、AI の回答では満足できない場合、情報を深く調べるために、AI の回答内に表示された関連コンテンツへのアクセスが増える可能性があります。そのため、**ユーザーの細かいニーズに対応した正確かつ詳細なコンテンツの作成が重要**です。なお、検索連動型広告は検索結果画面の専用枠に引き続き表示されます。ただし、各広告は AI の回答よりも下部に表示されることがあるため、ユーザーが広告を見る機会が減り、広告からの流入が減少する可能性があります。検索連動型広告のみを運用している企業では、SNS 広告などの検索流入に依存しない導線の検討が必要になる場合があります。

AI Overviews を有効にした場合の検索画面

図1　生成AIによる回答画面

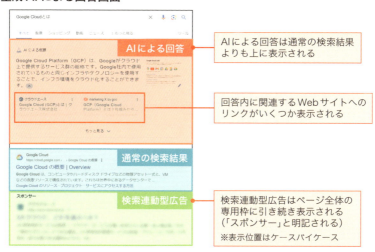

- AIによる回答は通常の検索結果よりも上に表示される
- 回答内に関連するWebサイトへのリンクがいくつか表示される
- 検索連動型広告はページ全体の専用枠に引き続き表示される（「スポンサー」と明記される）
  ※表示位置はケースバイケース

AI Overviews の機能の拡張

図2　今後追加予定の検索機能

機能	概要
複雑な質問の回答	複数の条件を考慮した回答を作成する。 検索例：「渋谷のおすすめのピラティススタジオを探して、そのスタジオの入会特典と渋谷駅からの徒歩所要時間を教えて」
計画の作成支援	要望に沿った料理や旅行の計画を作成する。 検索例：「準備が簡単でグループ向けの3日分の献立を作成して」
検索結果の情報整理	AIが生成した適切な見出しと、それに合わせて分類した検索結果を表示する。
動画を見せながら検索	カメラで撮影した動画に映っているモノに関して質問する。 検索例：上手く動かないレコードプレーヤーの動画を見せながら「どうしてプレーヤーが動かないのか」

※機能の追加は米国から開始し、いずれは米国以外でも一般公開される予定です。

出典：Google 製品アップデートより、著者が一部改変して作図
URL：https://blog.google/products/search/generative-ai-google-search-may-2024/

まとめ

- ▶ AI Overviews は、Google 検索画面に AI による回答と関連性の高い記事を表示する
- ▶ AI がもっともらしい回答を生成するハルシネーションには注意が必要
- ▶ AI の回答が広告よりも上部に表示された場合、広告流入が減少する可能性あり

クリエイティブの自動生成による広告運用の効率化

昨今、AIによって広告クリエイティブの自動生成が可能になりつつあります。

AIによる広告クリエイティブの自動生成

自動生成ツールに広告文や画像などの素材を登録しておくと、ユーザーの位置情報や行動パターンに応じて、それらを組み合わせたさまざまなパターンの広告が自動で生成されます（図1）。そのため、クリエイティブの作成に必要な時間やコストを大幅に削減しながら、ユーザーごとに最適な広告を配信できます。なお、AIによる自動生成は魅力的な半面、決められたテンプレートにもとづいて生成が行われるため、クリエイティブの自由度は低くなります。また、事前に登録する広告文や画像に偏りがあると、それらの素材をもとに生成される広告クリエイティブも、ブランドイメージに合わない偏ったものとなる場合があります。質の高いクリエイティブを自動生成するには、ブランドイメージに合った適切な素材を用意する必要があります。

代表的な広告クリエイティブの自動生成ツール

Google広告の**P-MAX**、Facebook広告の**Facebookダイナミック広告**、Yahoo!広告の**動的ディスプレイ広告**など、一般的に広告配信で利用される広告プラットフォームでも、広告クリエイティブの自動生成機能が提供されています。また、**バナー広告**など特定のクリエイティブに特化したツールもあります。例えば、電通デジタル株式会社の「ADVANCED CREATIVE MAKER」はキーワードや商品情報、ロゴデータを登録すると一度に大量のバナー広告を作成できます。また、株式会社ID Cruiseの「Adnator」では、広告配信したい商品やサービスのキャッチコピーを登録するだけで、自動でバナー広告を生成できます（図2）。これらのツールにはA/Bテスト機能もあり、自動生成された複数パターンの広告を同時に配信し、それぞれの効果を検証して、最適なパターンの見極めが可能です。ただし、クリエイティブの作成から広告の配信設定まで大半をAIに任せることになるため、広告配信のロジックがわかりにくく、ツールがなぜこの広告を配信したのかという理由が説明しづらい場合があります。ツールの仕様をよく理解していない状態で進めると、無駄に予算を消化してしまう可能性があるため、仕様を十分に確認した上でツールを活用するようにしましょう。

広告プラットフォームで提供される広告クリエイティブの自動生成機能

図1 広告クリエイティブの自動生成の仕組み

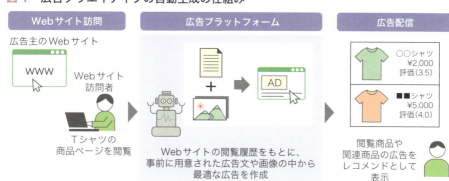

バナー広告の自動生成ツールの画面例

図2 Adnator の生成画面

● Adnator：https://www.ad-nator.com/

※自動生成ツールの料金体系は、成果報酬型やクリック課金型、月額制などツールによって異なるため、選定時はその点も考慮しましょう。

まとめ

- ▶ AIによって広告クリエイティブを自動生成できるようになってきている
- ▶ AIで時間やコストを大幅に削減できる反面、広告の中身には注意が必要
- ▶ 特定の広告クリエイティブの生成に特化したツールも提供されている

8 今後のデジタルマーケティング

8-6

マルチモーダル検索による革新

テキストや画像といった複数の種類の情報を組み合わせた検索を**マルチモーダル検索**と言います。

直感的な画像検索

従来の画像検索では、画像の説明文や画像が使用されているコンテンツのテキストをもとに、ユーザーが検索したキーワードと一致する画像が表示されていました。マルチモーダル検索では、検索システムがまるで視覚を持ったように画像の内容（何の画像であるか）を理解した上で、ユーザーの検索キーワードと関連性が高い画像を検索し、検索結果を表示します。そのため、ユーザーはより直感的に検索できるようになり、より意図に沿った結果を得やすくなります。例えば、Google が公開しているデモ映像では、メルカリの商品データを対象に「白と黒のビーズで作ったハンドメイドのアクセサリー」と入力した検索に対して、該当する商品画像がいくつも表示されています（図1）。なお、検索に使用できる情報はテキストだけでなく、画像をアップロードすると、色や形などが似た商品の画像を検索できます。

マルチモーダル検索がデジタルマーケティングにもたらす影響

マルチモーダル検索を利用すると、Web サイト内のユーザー体験を向上できます。例えば、ユーザーは商品名を知らなくても、似た画像で検索することができます。デジタルマーケティングを行う Web サイト側も詳細な商品の説明文の作成やタグ付けの必要性が低下し、コンテンツ作成のコストを削減できる可能性があります。

Google 検索にも、マルチモーダル検索を活かしたショッピングを実現する**マルチ検索**が導入されています。マルチ検索ではカメラや画像を使った商品の検索に、テキストを追加できます（図2）。これにより、商品名や説明文、商品ページに存在しないキーワードを検索して、Google 検索から Web サイトに訪問するユーザーが増えると考えられます。そのほかにも、検索結果画面に表示された商品画像の一覧に、リアルタイムの検索トレンドを反映したフィルターが追加されています。こうした機能の追加や改善は、今後も行われるものと考えられます。Google 検索でユーザーとの接点を増やすためにも、ユーザーのニーズやトレンドを洞察し、Web サイトの制作に活かしていくようにしましょう。

マルチモーダル検索を利用した画像の検索

図1　メルカリの商品を使用したデモ

AIが検索キーワードの内容（白黒、ハンドメイド）を理解し、画像を選別

商品名や説明文を使用せず、画像に写っている情報のみを使用して関連性の高い商品画像を表示

出典：Google Cloud ブログ「マルチモーダル検索とは何か：「視覚を持ったLLM」でビジネスが変わる」
URL：https://cloud.google.com/blog/ja/products/ai-machine-learning/multimodal-generative-ai-search

Google 検索に導入されているマルチモーダル検索機能

図2　マルチ検索のイメージ

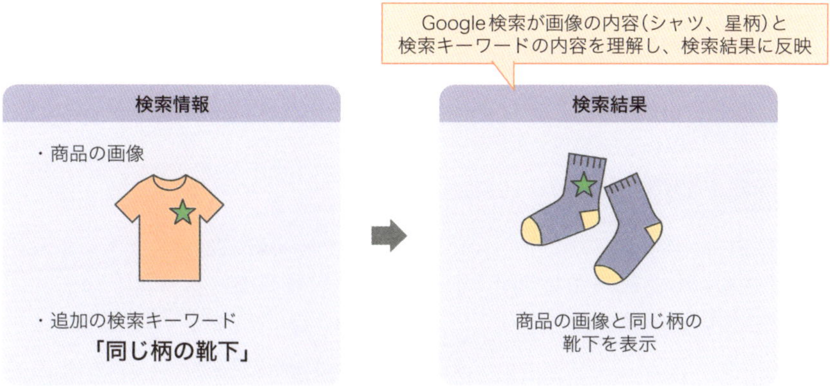

Google 検索が画像の内容（シャツ、星柄）と検索キーワードの内容を理解し、検索結果に反映

検索情報
・商品の画像

・追加の検索キーワード
「同じ柄の靴下」

検索結果

商品の画像と同じ柄の靴下を表示

出典：Google Japan ブログ「検索窓の枠を超えて：より直感的な検索の実現に向けて」
URL：https://blog.google/intl/ja-jp/products/explore-get-answers/toward-a-more-intuitive-search-experience/

まとめ
- マルチモーダル検索では、テキストと画像を組み合わせた検索が可能
- 商品名・説明文・タグ情報に検索キーワードが含まれていない商品も表示できる
- マルチモーダル検索により、ユーザー体験を向上することが可能

8　今後のデジタルマーケティング

8-7
AR（拡張現実）と
VR（仮想現実）について

　AR（拡張現実）は「Augmented Reality」の略で、現実の画像や映像にCGを合成することで、現実世界を拡張して仮想空間を作る技術です。VR（仮想現実）は「Virtual Reality」の略で、仮想世界を作り現実に近い体験が可能となる技術です（図1）。

現実世界の延長の「AR（拡張現実）」とマーケティング

　ARの活用方法はさまざまですが、例えばスマートフォンで撮影している映像にCGの映像を重ねて、CGの映像が実在するように見せることができます。身近なものでは、撮影時に顔が加工されるアプリや、カメラに風景を映すと道案内をするARナビなど、ARを活用したサービスが増えています。マーケティングでも新しい体験を提供できると注目されており、例えば家具量販店のIKEAはアプリ画面上で部屋を映すと商品がデジタル家具として表示されるARアプリ「IKEA Place」を開発しました。従来はユーザーが事前に採寸を行い、家具を置いた状態をイメージする必要がありましたが、アプリの利用により来店や採寸を行うことなく、実際に部屋の中でシミュレーションできます（図2）。このようにARをマーケティングに活用すると、ユーザーに新鮮さや利便性を与えるだけでなく、サイズの間違いや商品のイメージのミスマッチを防げるため、顧客満足度の向上が見込めます。

現実世界ではない空間の「VR（仮想現実）」とマーケティング

　VRでは視覚や聴覚を活用して、オンライン上での疑似体験を提供できます。例えば、首都圏にしか店舗がないブランドでも、VRによるバーチャルショップを通じて地方の人に自宅で店舗を体験してもらうことで、リーチ拡大（認知拡大）や販売促進が期待できます。このようにVRでは、距離や時間の制約でアプローチできなかった顧客層と接点を作れます。特にアパレルブランドなどは、仮想空間でブランドの世界観を表現することで、ブランドストーリーやコンセプトに没入できる体験を提供し、商品・サービスをより魅力的に見せられます。また、株式会社リクルートが運営する不動産サイトの「SUUMO」では、ユーザーがVRの不動産内見システムで事前に物件を確認できるようにすることで、Webサイト閲覧時と内見時のギャップを小さくしています（図2）。VRを活用し、商品・サービスの購入前に疑似体験を提供することで、ブランドや商品・サービスの理解度が高まり、最終的に購入・成約率の向上が期待できます。

AR（拡張現実）と VR（仮想現実）の違い

図1　AR（拡張現実）と VR（仮想現実）のイメージと活用例

AR

スマートフォンなどの画面上で、現実世界に文字や画像、動画などの情報を重ね合わせて拡張する技術。

活用例
- コスメの試用
- 家具のシミュレーション
- 洋服や靴、アクセサリーの試着
- 道案内

VR

CGなどで構成された、現実ではない世界にいるような体験ができる技術。スマートフォンやPCでも利用可能で、専用ゴーグルを装着するとより高い没入感を体験できる。

活用例
- 不動産の内見
- バーチャルショップ
- イベント
- オンライン会議

デジタルマーケティングへの活用事例

図2　IKEA Place と SUUMO の例

ARアプリ「IKEA Place」

アプリ画面上で部屋を映すと、家具が3Dモデルとして表示されます。
スマートフォンのカメラ機能を利用して、実際に部屋の中に家具を設置するような体験ができます。
来店や採寸を行わずに、レイアウトをシミュレーションすることが可能です。

SUUMOの「VR内見」

ウォークスルー機能やインテリアサンプルの表示機能によって、Webサイト上の画像では表現できない臨場感を体験できます。
生活導線や暮らしがイメージしやすくなり、物件のこだわりの設備や素材の質感なども確認できます。
VRで内見の疑似体験をしてもらうことで、Webサイト閲覧時と内見時のギャップを小さくできます。

- 出典：YouTube「Say Hej to IKEA Place」
  URL：https://youtu.be/UudV1VdFtuQ

- 出典：SUUMOジャーナル「賃貸でもVRでの内見が可能に！どんなメリットがあるの？」
  URL：https://suumo.jp/journal/2017/01/06/123622/

まとめ

▶ AR や VR がマーケティングへ活用されている
▶ ブランドの世界観を表現することで、商品・サービスを魅力的に見せられる
▶ 新鮮で便利な体験を提供することで、顧客満足度の向上を見込める

メタバースをビジネスに活用する

　メタバースは、インターネット上に構築された三次元の仮想空間のことです。メタバース上では自分の分身であるアバターを操作することで、空間の散策や他者とのコミュニケーション、ショッピング、イベントへの参加などが可能です（図1）。

メタバースが注目される背景

　メタバースは、主にオンラインゲームで活用されていましたが、ビジネスでの活用にも注目が集まっています。その背景には、仮想空間の品質の向上や技術の進化により、導入のハードルが低下したことがあります。また、新型コロナウイルスによってオンライン需要が増加したことも背景の一つで、オンラインでもリアルなコミュニケーションを実現する手段として、メタバースに注目が集まっています。メタバースの市場規模は急速に拡大しており、今後ますます注目を集めることが予想されています。令和4年版の総務省の発表では、メタバースの世界市場は2021年の約4兆2千億円から、2030年には約18.5倍の78兆8千億円まで拡大すると予測されています。このような急速な成長は、ビジネスにおいても魅力的であり、多くの企業がメタバースへの進出を図るようになりました。

メタバースの活用事例

　三越伊勢丹のモバイルアプリ「REV WORLDS」では、仮想新宿を舞台として、仮想伊勢丹新宿店を出店しました。仮想店舗内で展開されている商品は、そのままオンラインストアで購入できるため、デジタルマーケティングへの活用が可能です。また、アバター同士でチャット機能やエモート機能を使ってコミュニケーションを取ることで、現実世界と同様に、友人やバーチャル空間で出会った人とともにショッピングやファッションを楽しめるのも魅力です。

　KDDI株式会社が提供する「αU」は、仮想空間上に再現された渋谷や大阪を舞台に、音声でのコミュニケーションに加え、音楽ライブやアート鑑賞などのエンタメ体験や、デジタルアートの購入、実店舗と連動したバーチャル店舗でのショッピングなどの幅広いサービスを楽しむことができます（図2）。メタバースは発展途上の新しい仕組みです。メタバース上でマーケティングを展開することで、会社の新たな収益源を獲得できる可能性があります。

メタバースとは

図1　AR・MR・VRとの関係

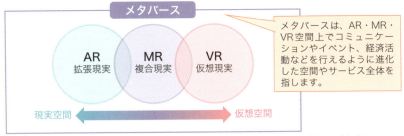

メタバースは、AR・MR・VR空間上でコミュニケーションやイベント、経済活動などを行えるように進化した空間やサービス全体を指します。

※MRは「Mixed Reality」の略で、ARをさらに拡張し、現実世界と仮想の世界を重ね合わせてデジタル情報を自由に表示・操作できる技術です。

デジタルマーケティングへの活用事例

図2　「REV WORLDS」と「αU」の例

「REV WORLDS」の仮想伊勢丹新宿店

デパ地下やファッション、ギフトなど、さまざまなショップが出店していて、商品はそのままオンラインストアで購入できます。ファッションやヘアスタイル、フェイスなど細かくアバターを設定することができ、コーディネートを楽しめます。
アバター同士でチャット機能やエモート機能を使ったコミュニケーションが可能で、接客を受けたり、友人とショッピングを楽しんだりすることもできます。

「αU」のαU place

「αU」ではアバターを用いてコミュニケーションやサービスを楽しむことができます。中でも「αU place」では、実店舗と連動したバーチャル店舗でのショッピングを楽しめます。
リアルタイムチャットやビデオ通話で店員とコミュニケーションを取ることができ、商品の説明やアドバイスを受けることも可能です。

● 出典：メタバースアプリ「REV WORLDS」仮想伊勢丹新宿店
　URL：https://www.mistore.jp/shopping/feature/shops_f3/vrinfo_sp.html

● 出典：αU（アルファユー）メタバース・Web3サービスプラットフォーム
　URL：https://alpha-u.io/

まとめ

▶ メタバースは仮想空間で、買い物やコミュニケーション、イベントなどが可能
▶ メタバースは市場拡大や技術の進化、オンライン需要増加を背景に注目されている
▶ メタバースをマーケティングに活用することで、収益増につながる可能性がある

8-9
デジタルマーケティング人材として意識すべきこと

　日進月歩のデジタルマーケティング業界において、重用される人材であり続けるためには、どのようなことを意識すべきでしょうか。

インプットとアウトプットを重ねる

　まずは、インプットとアウトプットを重ねることです。デジタルマーケティングの分野では、どんどん新しいサービスや技術が登場します。そのため、インプット（学習）を重ねて、自分の知識・知見も日々更新する必要があります。インプットの方法は「専門書の読書」「セミナーの受講」などがありますが、それだけでは（特に専門性が高い内容については）定着が難しい場合があります。インプットする内容にもよりますが、単なる「読書」「セミナー受講」だけでなく、学んだ内容を「真似してみる／手を動かしてみる」ことを意識しましょう。また、わかったつもりでも、他の人に説明しようとすると「ここは理解できていなかったな」という点が出てくるものです。「実業務で取り組む」「同僚に教える」「自社のブログに記事を掲載してみる」など、方法は何でもよいので、アウトプットすることも忘れないようにしましょう。アウトプットした際にわからなかったことを、改めてインプットし直して、それをまたアウトプットして…といったように「インプットとアウトプットを重ねる」ことで、知識・知見が広く深く、確固たるものになります（図1）。

「作業」にとどまらないスキルを身につける

　昨今の世間では、生成 AI が人間の仕事を奪うと危惧されていますが、実際に生成 AI が対応できる業務の内容や品質は、猛烈なスピードで拡大・向上し続けています。例えば「クリエイティブの自動作成」「プログラミングのソースコードの自動生成」など、これまでマーケターやエンジニアが、頭を使って手を動かしていた業務の一部は、生成 AI によって代行されつつあります。もちろん、全タスクは置き換えられませんが、複雑ではない／定型的な作業は、今後生成 AI への置き換えが進む可能性があります。そのため、デジタルマーケティング人材は「作業にとどまらないスキルを身につけること」が非常に重要になります（図2）。関係者とコミュニケーションを取りながら、要件を整理して計画を立てたり、計画に対する方針案を検討して実行したり、「作業では片づけられないこと」に果敢にチャレンジして、何者にも置き換えることができないスキルを身につけていきましょう。

知識・知見を広く・深く・確固たるものとするための習慣

図1　日々、インプットとアウトプットの繰り返し

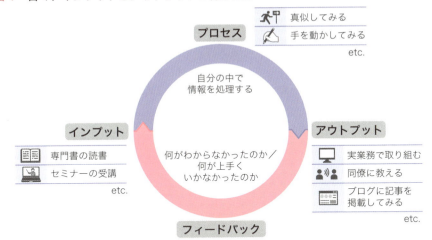

※インプットする際は「Udemy」(https://www.udemy.com/ja/)などのオンライン学習プラットフォームの利用もおすすめです。

経済産業省が定める「デジタルスキル標準」

図2　生成AI利用において求められるマインド・スタンス（2023年8月改訂補記）

- ☑ 生成AIを「問いを立てる」「仮説を立てる・検証する」等のビジネスパーソンとしてのスキルと掛け合わせることで、生産性向上やビジネス変革へ適切に利用しようとしている

- ☑ 生成AI利用において、期待しない結果が出力されることや、**著作権等の権利侵害・情報漏洩、倫理的な問題**等に注意することが必要であることを理解している

- ☑ 生成AIの登場・普及による生活やビジネスへの影響や近い将来の身近な変化にアンテナを張りながら、変化をいとわず学び続けている

出典：経済産業省「デジタルスキル標準」
URL：https://www.meti.go.jp/policy/it_policy/jinzai/skill_standard/main.html

まとめ

- ▶ インプットする際は、真似してみる／手を動かしてみることを意識する
- ▶ インプットするだけで終わらず、アウトプットも行うようにする
- ▶ 「作業」では片づけられないことにチャレンジして、多様なスキルを得る

索 引

数字

4C	36
4P	36

A

A/B テスト	156
Adnator	178
ADVANCED CREATIVE MAKER	178
AI	170
AI Overviews	176
AI アナリスト	168
AI チャットサービス	174
AR	182
ASP（Affiliate Service Provider）	86
ATT（App Tracking Transparency）	24
AWS（Amazon Web Services）	126

B・C

Beluga スタジオ	112
BI	144
BigQuery	126, 148
BI ツール	144
CCPA	24
ChatGPT	174
CLS（Cumulative Layout Shift）	142
CMP	52
CoE（Center of Excellence）	40
Cookie	52
Copilot	174
CPA（Cost per Action）	90
CPC（Cost per Click）	90
CPM（Cost per Mille）	90
CRM	62
CTR（Click Through Rate）	90
CV	90, 138
CVR（Conversion Rate）	90, 138
CX	64

D・E・F・G

DWB（Definitely Would Buy）	28
DWH	122
E-E-A-T	166
EFO（Entry Form Optimization）	158
EFO ツール	158
EU 一般データ保護規則	24
Facebook	106
Facebook ダイナミック広告	178
Firebase	118
GDPR	24
Gemini	174
Google Adsense	70
Google Cloud	126
Google Search Console	60
Google アナリティクス	118, 150

I・K・L

INP（Interaction to Next Paint）	142
Instagram	106
IoT（Internet of Things）	24
KFS（Key Factor for Success）	28
KGI（Key Goal Indicator）	18, 26
KPI（Key Performance Indicator）	18, 26
KPI ツリー	26
LCP（Largest Contentful Paint）	142
LINE	110
LPO	64
LTV	140

M・N・O・P

MA	62
MAU（Monthly Active Users）	134
Microsoft Azure	126
Microsoft Clarity	120
ML	170
MVT	156
NDA	46
NPS®（Net Promoter Score®）	28
O2O（Online to Offline）	68
One to One マーケティング	140
PDCA	20
PESO モデル	23
P-MAX	178
Predictive Scoring	172
PV	136

R・S・T

RFP	40
ROAS（Return On Advertising Spend）	90
ROI（Return on Investment）	90
SDK	116
SEO（Search Engine Optimization）	56, 72
SFA	62
SMART の法則	18
SNS	98
Social Insight	112
SQL	148
STP 分析	36
TikTok	108

U・V・W・X・Y

UGC（User Generated Content）	98
UI	50
ULSSAS	99
UX	50
VR	182
WBS（Work Breakdown Structure）	38
Web サイトの種類	48
Web 接客	64
Web パフォーマンス	142
Web マーケティング	16
Web ライティング	58
X（旧：Twitter）	104
YMYL（Your Money or Your Life）	166
YouTube	108

あ行

アーンドメディア	22
アウトストリーム広告	84
アクセス解析ツール	116, 130
アドフラウド	94
アドベリフィケーション	94
アフィリエイト広告	70, 86
インスタントウィンキャンペーン	104
インストリーム広告	84
インターネット広告	14
インフルエンサーマーケティング	114
ウェブバイタル	142
請負契約	46
運用型広告	74, 76

オウンドメディア	22
オーガニック投稿	98
オンプレミス	124

か行

改正個人情報保護法	24
拡張現実	182
カスタマージャーニー	34
仮想現実	182
カリフォルニア州消費者プライバシー法	24
機械学習	170, 172
企業アカウントの運用	100, 112
記事広告	70
教師あり学習	170
教師なし学習	170
業務委託契約	46
クラウド	124
クラウドプラットフォーム	126
クリック報酬型広告	70
クローラー	54
クローリング	54
グロス	96
検索エンジン	54
検索エンジン最適化	56
検索連動型広告	78
広告詐欺	94
顧客生涯価値	140
コンテンツ SEO	56, 58
コンテンツカレンダー	102
コンバージョン	138
コンバージョン率	138

さ行

サブスクリプション	140
シェアードメディア	22
自動生成ツール	178
指標	132
準委任契約	46
純広告	70, 74
人工知能	170
スクリーンビュー	136
成果報酬型広告	70
生成 AI	170, 186
セグメンテーション	30
セッション	134
ゼロクッキーロード	52

189

属性	132
ソフトウェア開発キット	116

た行

ターゲティング	30
タイアップ広告	70
タグ	116
タグ管理ツール	116
多変量テスト	156
チャットボット	64
ディスプレイ広告	80
データウェアハウス	122
データエンジニア	128
データエンジニアリング	128
データサイエンス	146
データサイエンティスト	128, 146
データドリブンマーケティング	116
データベース	122
データレイク	122
デジタルマーケティング人材	186
電気通信事業法	24
同意管理プラットフォーム	52
動画広告	84
動的ディスプレイ広告	178
トリプルメディア戦略	22
トンマナ	102

な行

入札戦略	92
入力フォームの最適化	158
人月	38
人日	38
ネイティブ広告	82
ネット	96

は行

ハルシネーション	176
ビジネスインテリジェンス	144

ビジュアライゼーション	144
ビッグデータ	128
秘密保持契約	46
ヒューリスティック評価	154
品質スコア	160
プッシュ通知	68
ブランディング	28
フリークエンシーキャップ	88
フリクションレス	162
プロンプト	174
プロンプトエンジニアリング	174
ペイドメディア	22
ページビュー	136
ペルソナ	32
ポジショニングマップ	36

ま行・や行

マーケティング	14
マス広告	14
マスマーケティング	14
マルチ検索	180
マルチモーダル検索	180
メタバース	184
モバイルアプリの種類	66
ユーザー	134

ら行

ライブショッピング（ライブコマース）	98
ランディングページ	136
ランディングページ最適化	64
リターゲティング広告	88
リスティング広告	78
リダイレクトテスト	156
離脱ページ	136
リマーケティング広告	88
レスポンシブ検索広告	160
レポーティング	130
レポーティングツール	130
ロイヤルカスタマー	140

▶ 著者プロフィール

神崎 健太

野村総合研究所グループの NRIネットコム株式会社にて、2014 年よりデジタル
マーケティング事業に従事。「Google マーケティング プラットフォーム」をはじ
めとしたマーケティングテクノロジーにかかわるコンサルティングおよび、テク
ニカルサポートを担当している。著書に「徹底活用 Google アナリティクス」「プ
ロが教えるいちばん詳しい Google アナリティクス 4」。

佐々木 塁

NRIネットコム株式会社にて、Web サイトのコーディングやデザインなどの制作
業務から課題発見や解決策の提案を行うコンサルティング業務まで幅広く携わる。
現在では、Web 広告の設計や運用、顧客企業の SNS アカウント運用を務める。

橋本 俊哉

NRIネットコム株式会社にて、百貨店、不動産など様々なプロジェクトにおいて
デジタルマーケティングテクノロジーにかかわるコンサルティング、テクニカル
サポートに携わる。Google アナリティクス、BigQuery、Tableau を活用したデー
タエンジニアリングを担当。

高橋 栞

NRIネットコム株式会社にて、「Google マーケティング プラットフォーム」をは
じめとしたテクニカルサポートを担当している。フロントエンド技術を活用した
Google アナリティクスの実装や、BigQuery と BI ツールを活用したダッシュボー
ド作成に携わる。

■本書サポートページ
https://isbn2.sbcr.jp/23302/

- 本書をお読みいただいたご感想を上記URLからお寄せください。
- 上記URLに正誤情報、サンプルダウンロード等、本書の関連情報を掲載しておりますので、併せてご利用ください。
- 本書の内容の実行については、全て自己責任のもとで行ってください。内容の実行により発生した、直接・間接的被害について、著者およびSBクリエイティブ株式会社、製品メーカー、購入された書店、ショップはその責を負いません。

1冊目に読みたい デジタルマーケティングの教科書

2024年 11月 8日 初版第1刷発行
2025年 5月 5日 初版第3刷発行

著　者	NRIネットコム株式会社　神崎 健太・佐々木 塁・橋本 俊哉・髙橋 栞
発行者	出井 貴完
発行所	SBクリエイティブ株式会社
	〒105-0001 東京都港区虎ノ門2-2-1
	https://www.sbcr.jp/
印　刷	株式会社シナノ
カバーデザイン	藤塚尚子（合同会社 etokumi）
カバーイラスト	OKADA_jp/Shutterstock.com
編集協力	八木橋 まい
編集	本間 千裕
本文デザイン・DTP	クニメディア株式会社

落丁本、乱丁本は小社営業部にてお取り替えいたします。
定価はカバーに記載されております。

Printed in Japan ISBN978-4-8156-2330-2